元指導医療官が指南

保険医のための
保険診療講座

著 工藤弘志　元厚生労働省近畿厚生局指導医療官
　　　　　　特定医療法人社団順心会

日本医事新報社

はじめに——「日常診療=保険診療」のはずなのに…

　30年余り脳神経外科医として臨床に携わってきた私は，出身大学である神戸大学の医学部脳神経外科教室教授および医学部附属病院長のご推挙により，2010年1月から2013年12月末までの4年間，厚生労働省近畿厚生局の指導医療官として働きました。

　この間，およそ400件の個別指導および十数件の監査を行いました。これらの行政指導において，数多くの保険医療機関の管理者や保険医と接しました。その経験を通して痛感したことは，本来ならば，保険医療機関あるいは保険医であれば「日常診療＝保険診療」のはずなのに，時にイコールとはならず，日常の診療を行っている医療関係者の保険診療に対する認識と，現在定められている保険診療上のルールとの間にギャップが存在している，ということでした。この状況は診療報酬を支払う側にとっても，また，受け取る側にとっても，決して好ましいことではありません。なんとか両者間のギャップを埋められないかと模索したことが執筆の動機です。

　保険診療に関わる多くの方々に，保険診療というものをさらに深く理解していただいて，理解不足によると思われる不適切な保険診療や診療報酬請求をより少なくしていただきたい，というのがこの本の趣旨です。

　本書では可能な限り，元指導医療官としての私の知識と経験を披露し，現場の医療関係者の皆さんに正しい保険診療を実践してもらうためのチェックポイントを示しました。

　末尾に参考文献を挙げていますが，本書の内容は私個人の考えです。したがいまして，その全責任は私にあります。なお，厚生労働省，厚生局関係の文献はすべてインターネットで検索可能です。

本書の使い方

本書は,
- 保険診療に対する理解を深める STEP 1
- 指導・監査の実際の流れを知る STEP 2
- 正しい保険診療を実践するためのチェックポイントを示した STEP 3
- 最近の指導・監査の傾向をデータで示した STEP 4

の4つのパートで構成されています。

> ●クリニック・病院を開業されたばかりの先生や勤務医の先生,これから開業を考えている先生は…
>
> 保険診療や指導・監査の基本を知る STEP 1・STEP 2 から,実践編の STEP 3 へと読み進めてください。STEP 4 はデータ編ですので,必要に応じてご参照ください。

> ●保険診療や指導・監査の大まかな内容は知っているというベテランの先生は…
>
> STEP 3 のうち,ご自身の診療に関わるところを総点検し,お時間があるときに他のパートをご一読ください。

　元指導医療官として現場の先生方にお伝えしたいメッセージは,コラムにもちりばめています。指導・監査に対して過度な不安を抱くことなく,地域医療に長く安心して従事していただくための良きパートナーとして本書がお役に立てば幸いです。

＊STEP 3 の診療報酬項目に関する情報は,2014(平成26)年4月診療報酬改定の内容に基づいています。また,本書は読者として主に医科の保険医を想定しているため,歯科・調剤の項目は割愛しています。ご了承ください。

目次

STEP 1　保険診療と日常診療の間のギャップを埋めよう　1

- **1-1**　わが国の医療保険の仕組み ……… 2
- **1-2**　わが国の医療保険の歴史 ……… 4
- **1-3**　保険診療とは何か ……… 9

STEP 2　指導・監査はこんなふうに行われている　15

- **2-1**　指導・監査と指導医療官 ……… 16
- **2-2**　指導・監査等（1）――適時調査 ……… 18
- **2-3**　指導・監査等（2）――指導 ……… 20
  - ❶集団指導…20
  - ❷集団的個別指導…21
  - ❸個別指導…25
- **2-4**　指導・監査等（3）――監査 ……… 28

STEP 3　ココを押さえれば大丈夫！保険診療チェックポイント　35

- **3-1**　基本診療料 ……… 36
  - ❶初診料…36

❷再診料…37
❸入院基本料…38
❹入院基本料等加算…41
❺回復期リハビリテーション病棟入院料…44

3-2 禁止事項 ─────────────── 45
❶無診察治療等の禁止…45
❷特殊療法・研究的診療等の禁止…45
❸健康診断の禁止…45
❹濃厚（過剰）診療の禁止…45
❺特定の保険薬局への患者誘導の禁止…46
❻自己診療の禁止…46

3-3 薬剤 ─────────────── 48
❶薬剤の使用…48
❷ビタミン剤の投与…48
❸薬剤の容器代…51
❹処方せん料…51
❺静脈内注射，点滴注射，中心静脈注射…51

3-4 診療録 ─────────────── 52

3-5 医学管理等 ─────────────── 56
❶特定疾患療養管理料…56
❷ウイルス疾患指導料…57
❸特定薬剤治療管理料…57
❹悪性腫瘍特異物質治療管理料…57
❺小児特定疾患カウンセリング料…58
❻小児科療養指導料…58
❼てんかん指導料…59
❽難病外来指導管理料…59
❾皮膚科特定疾患指導管理料…59
❿外来栄養食事指導料…60
⓫入院栄養食事指導料…60
⓬集団栄養食事指導料…62
⓭在宅療養指導料…63

⑭高度難聴指導管理料…63
⑮慢性疼痛疾患管理料…63
⑯糖尿病合併症管理料…64
⑰耳鼻咽喉科特定疾患指導管理料…64
⑱がん性疼痛緩和指導管理料…64
⑲がん患者指導管理料…65
⑳外来緩和ケア管理料…65
㉑乳幼児育児栄養指導料…66
㉒外来リハビリテーション診療料…66
㉓外来放射線照射診療料…67
㉔生活習慣病管理料…67
㉕ニコチン依存症管理料…68
㉖肺血栓塞栓予防管理料…68
㉗介護支援連携指導料…68
㉘肝炎インターフェロン治療計画料…69
㉙退院時リハビリテーション指導料…69
㉚薬剤管理指導料…69
㉛診療情報提供料…70
㉜薬剤情報提供料…71
㉝療養費同意書交付料…72
㉞退院時薬剤情報管理指導料…72

3-6　在宅医療 ——74

❶在宅療養支援診療所…74
❷往診料…74
❸在宅患者訪問診療料…75
❹在宅時医学総合管理料および特定施設入居時等医学総合管理料…76
❺在宅患者訪問看護・指導料および同一建物居住者訪問看護・指導料…77
❻在宅患者訪問点滴注射管理指導料…78
❼在宅患者訪問リハビリテーション指導管理料…78
❽訪問看護指示料…78

❾在宅患者訪問薬剤管理指導料…79
❿在宅患者緊急時等カンファレンス料…79
⓫在宅療養指導管理料…80

3-7 検査 — 81
❶外来迅速検体検査加算…81
❷ヘリコバクター・ピロリ感染症の検査…81
❸大腸菌血清型別検査…82
❹細菌薬剤感受性検査…82
❺コンタクトレンズ検査料…82
❻小児食物アレルギー負荷検査…82
❼超音波検査…82
❽呼吸心拍監視，新生児心拍・呼吸監視，カルジオスコープ（ハートスコープ），カルジオタコスコープ…83
❾平衡機能検査…83

3-8 画像診断 — 83

3-9 リハビリテーション — 85

3-10 精神科専門療法 — 87
❶入院精神療法…87
❷通院・在宅精神療法…87
❸精神科継続外来支援・指導料…87
❹標準型精神分析療法…88
❺認知療法・認知行動療法…88
❻心身医学療法…88
❼重度認知症患者デイ・ケア料…88

3-11 処置 — 89
❶熱傷処置…89
❷干渉低周波去痰器による喀痰排出…89
❸血漿交換療法…89
❹皮膚科光線療法…90
❺皮膚レーザー照射療法（一連につき）…90
❻干渉低周波による膀胱等刺激法…90
❼消炎鎮痛等処置…91

	❽腰部又は胸部固定帯固定…91	
3-12	手術	92
	❶手術の同意…92	
	❷特定保険医療材料，衛生材料，薬剤等の費用…92	
3-13	麻酔	95
3-14	施術	96

STEP 4　指導・監査──最近の傾向はこうなっている　99

参考文献 ──────────────────────── 115
巻末資料──保険医療機関及び保険医療養担当規則 ──── 117
おわりに ──────────────────────── 131
索引 ─────────────────────────── 133

Column

自家診療にご用心…47
処方せんの使用期間を知らない患者・家族…49
診療録の様式を知らない医療機関…55
入院時食事療養・入院時生活療養の特別食加算…61
指導・管理料は特に診療録記載が重要…73
無資格者によるレントゲン撮影…84
「患者の同意」と違法性阻却事由…93
医療契約は「双務契約」…94
レセプト作成に積極的に関わりましょう…96
保険医登録をしていない医師はいませんか…97
「知らなかった」は通用しない…112

STEP 1

保険診療と日常診療の間のギャップを埋めよう

保険診療とはどういうものか，本当に理解している医療関係者は実はそんなに多くはないようです。かく言う私も，ある時期まで「医師になれば自動的に保険診療ができる」と誤解していました。保険診療について正しい認識を持つために，あらためて保険診療の基本を確認していきましょう。

STEP 1-1　わが国の医療保険の仕組み

● 国民皆保険・フリーアクセス・現物給付

　わが国では，すべての国民は何らかの公的医療保険に加入しています（**国民皆保険**）。そして，自らの意思により，自由に医療機関を受診し（**フリーアクセス**），医療を受けることができます。日本の医療保険制度は，医療行為（現物）が先に行われ，患者は，保険医療機関の窓口で一部負担金を支払い，残りの費用については，事後に保険者から審査支払機関を通じて保険医療機関に支払われる仕組みになっています（**現物給付制度**）。

　審査支払機関は現在，「社会保険診療報酬支払基金」と「国民健康保険団体連合会」の2つの機関があり，前者は健康保険組合，協会けんぽ，共済組合などに係る診療報酬の審査・支払いを，後者は国民健康保険，高齢者医療に係る診療報酬の審査・支払いを行っています。

　医療保険の種類は，会社員などの被用者を対象とした**被用者保険制度**（健康保険組合，協会けんぽ，共済組合，船員保険など）と，主に自営業者を対象とした**国民健康保険制度**に大きく分かれ，高齢者に対しては**後期高齢者医療制度**が適用されます。

● 保険料の支払いに税金が使われている

　図1と図2は，わが国の保険診療を説明する際にしばしば用いられるも

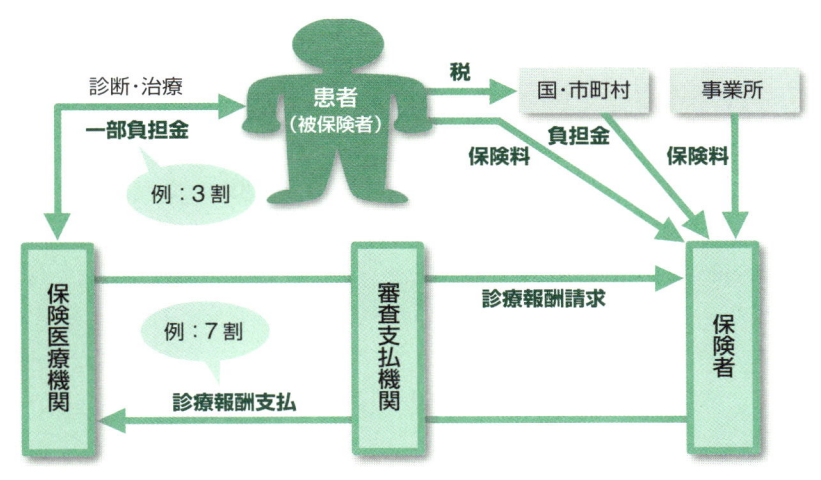

図1　療養の給付・費用の負担の流れ

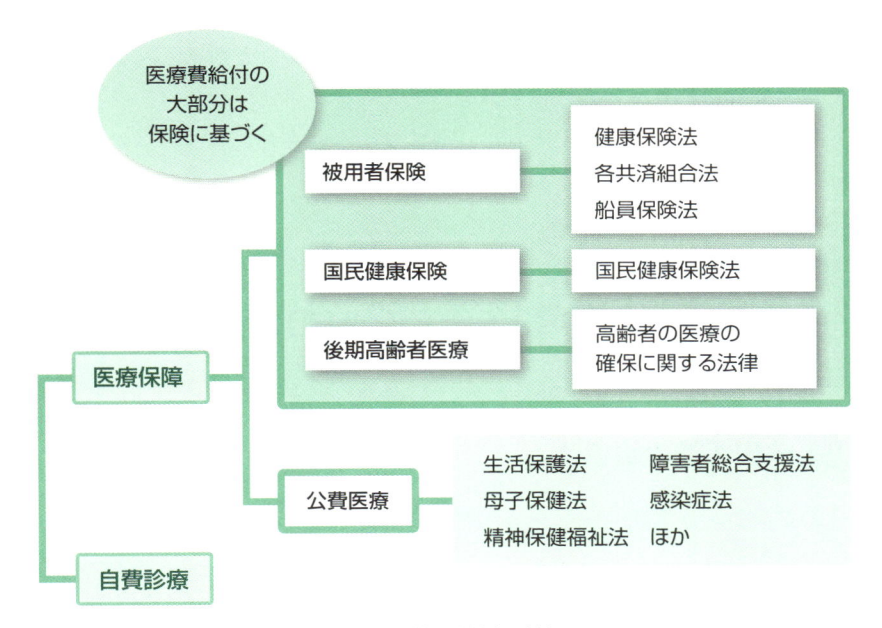

図2　医療費の給付の仕組み

ので，医療関係者には見飽きた図だと思いますが，この中に多くの医療関係者にあまり認識されていない事柄があります。

それは，保険料の支払いに税金が使われている，ということです。具体的には，国民健康保険の場合，被保険者（患者）は国民健康保険料（または国民健康保険税）を，さらに地方自治体，事業主が国庫負担金の一部を保険料として保険者に納入しています。また，後期高齢者医療では5割が公費負担となっています。

個別指導や監査で，「そのような診療あるいは診療報酬請求では，税金を不当あるいは不正に入手していることになりませんか」と質問すると，被指導者，被監査者が驚いた顔をすることは少なくありません。

反対に，患者側はその点をよく理解しています。「あの医療機関の診療あるいは診療報酬請求はおかしい。あれでは税金の無駄遣いだ」「税金を掠め取っている」などの苦情を厚生局にしばしば告げてきます。

このようなことがありますので，私は，集団指導の際，必ずこの図を供覧し，税金が投入されていることを強調するようにしていました。

医療関係者でも現在の保険診療の状況を知らないことがある，ということは，語弊はありますが，保険診療にあまり興味がない，ということなのかもしれません。保険医であれば，興味があろうとなかろうと，知っておかなければならない事柄なのですが…。

STEP 1-2　わが国の医療保険の歴史

● 医療保険の始まり

わが国の医療保険の歴史を振り返れば，少しは，なるほど，と興味を抱いていただけるかもしれません。戦後，1961（昭和36）年にわが国の皆保険制度が実現したことは多くの方がご存知かと思いますので，ここでは戦前の状況，そもそもどういう経緯でわが国の医療保険は始まったのか，と

いうことについて探っていきたいと思います。

医療保険の歴史については，『平成23年版厚生労働白書』（第1部第2章第1節 国民皆保険・皆年金実現以前の社会保障制度）や，読売新聞の医療・健康サイト「ヨミドクター」に掲載された読売新聞東京本社社会保障部の猪熊律子氏の記事「国民皆保険・皆年金（9）医療保険の歴史」「同（10）戦前の国民健康保険法」（2013年7月）が大変参考になります[1,2]。

世界で最初の社会保険が誕生したのはドイツです。ドイツでは，資本主義経済の発達に伴って深刻化した労働問題や労働運動に対処するため，1883（明治16）年に医療保険に相当する疾病保険法が公布されます。

一方，わが国では1914〜1918（大正3〜7）年の第一次世界大戦で空前の好景気を迎え，重化学工業を中心に急速に工業化が進み，労働者数は大幅に増加しました。しかし，急激なインフレで労働者の実質賃金は低下し，米価の急上昇により全国で米騒動が発生します。さらに，第一次世界大戦後は一転して「戦後恐慌」と呼ばれる不況となり，大量の失業者が発生しました。このため，賃金引上げや解雇反対などを求める労働争議が頻発し，労働運動が激化しました。

こうした中で，政府は，労使関係の対立緩和，社会不安の沈静化を図る観点から，ドイツに倣い，労働者を対象とする疾病保険制度の検討を開始し，1922（大正11）年に**「健康保険法」**を制定しました。しかし，その翌年に関東大震災が発生したことから，法施行は1927（昭和2）年まで延期されます。

その健康保険法の内容は，

①工場法や鉱業法の適用を受ける10人以上の従業員を持つ事業所を適用事業所とし，被保険者はその従業員で報酬が年間1,200円未満の肉体労働者（ブルーワーカー）とする
②保険者は政府または法人とし，前者の場合は政府管掌健康保険，後者の場合は組合管掌健康保険とする
③保険給付は，被保険者の業務上あるいは業務外の疾病負傷，死亡または分娩に対して行われる
④保険料を労使折半とする

⑤国庫は保険給付費の 10% を負担する

などというものでした。制度発足時の被保険者数は，1926（昭和元）年末で政府管掌健康保険が約 100 万人，組合管掌健康保険が約 80 万人でした。

その後，常時 10 人以上を使用する会社や銀行，商店などで働く「職員」（ホワイトカラー）を被保険者とする職員健康保険法が 1939（昭和 14）年に制定されましたが，1942（昭和 17）年の健康保険法改正で同法と統合され，家族給付などが法定化されたほか，診療報酬支払点数単価方式が導入されました。

健康保険が最初に肉体労働者に適用されたということが，肉体労働者の職場環境の厳しさや労働争議，労働運動の激しさを物語っているような気がして，興味深いところです。

国民皆保険制度の基礎は戦前に作り上げられた

大正時代末期の戦後恐慌に引き続き，昭和に入ってからも 1927（昭和 2）年の金融恐慌，1929（昭和 4）年に始まる世界恐慌の影響を受けて，昭和恐慌が相次いで発生しました。また，東北地方を中心とした大凶作などの発生は農村中心の地域社会を不安に陥れ，困窮に陥った農家では欠食児童や婦女子の身売りが続出し，大きな社会問題となりました。農家は赤字が続き，負債の多くを医療費が占めていました。猪熊氏によれば，特に農村部では，結核や寄生虫病などの病気が目立ち，「農村は兵隊の供給源」といわれていたが，農民の体力は低下する一方だった，とのことです。

この「農村は兵隊の供給源」というのは非常に興味深いフレーズです。明治時代の富国強兵政策ではないですが，「まず強い軍隊を」という発想から遡って，「そのためには兵隊をたくさんつくらないといけない。それも健康な，強い兵隊を」という発想が根底にあるような気がします。

そこで，当時社会保険を所管していた内務省は，農村における貧困と疾病の連鎖を切断し，併せて医療の確保や医療費軽減を図るため，農民などを被保険者とする国民健康保険制度の創設を検討しました。その後，1938（昭和 13）年 1 月に厚生省が発足し，同年 4 月には「**国民健康保険法**」が制

定，同年7月に施行されました。

　国民健康保険の保険者は，組合（普通国民健康保険組合，特別国民健康保険組合）単位で設立することができましたが，その設立も加入も基本的に任意でした。また，保険給付には療養，助産・葬祭給付があり，その種類や範囲は組合で決めることができるとされていました。

　国民健康保険は，先進国に前例のある被用者保険と異なり，日本特有の地域保険としての性格を有していました。国民健康保険の誕生は，日本の医療保険が労働保険の域を脱し国民全般をも対象に含むことになり，戦後の国民皆保険制度展開の基礎が戦前のこの時期に作り上げられたことを意味します。

　猪熊氏は，『国民健康保険二十年史』という1958（昭和33）年に刊行された書籍から，次のような記事を引用しています。

> 「法律制定当時の国保（国民健康保険）の主眼点は，農山漁村民の防貧ないし生活の安定だった。その旗印が時局の激化と共に完全に改められ，大東亜共栄圏を建設しようとする大理想達成の強力な手段となった。つまり，当時謳われた人口増加策や健兵健民政策の担い手としての使命を課せられたのであった。国民皆兵という言葉に対応させる意味からだろう，国民皆保険という標語も生まれていた」

「健兵健民政策」は，人口増加・健康増進を目的として1942（昭和17）年から行われた官製国民運動です。私は以前から，1961（昭和36）年に発足したとはいえ，「国民皆保険」という言葉は少し古めかしいという印象を持っていました。戦後であれば「国民総保険」とでもいうような表現のほうがふさわしいのではないかと思っていましたが，戦前の「国民皆兵」に対応させる意味で「皆保険」という言葉が生まれたということなら納得できます。

●「国保なくして健民なし」

　その後，わが国は戦時体制に突入しますが，健兵健民政策を推進する厚生省は，「国保なくして健民なし」として国民健康保険制度の一層の普及を図ることとしました。このため，1942（昭和17）年には，地方長官の権限

による国民健康保険組合の強制設立や，組合員加入義務の強化などを内容とする国民健康保険法の改正が行われました。

これを機に国民健康保険の一大普及計画が全国で実施され，その結果，1943（昭和18）年度末には，市町村の95％に国民健康保険組合が設立されます。1945（昭和20）年には組合数10,345，被保険者数4,092万人となりましたが，組合数の量的拡大は必ずしも質を伴うものではなく，戦局悪化のため皆保険計画は目標どおりには進まなかったようです。また，療養の給付についても，医薬品や医師の不足により十分には行われなくなりました。

戦後の数年間は，医療・年金保険制度いずれも戦後の混乱やインフレーションに対し，戦前からの制度を維持することに汲々としていたようです[3]。しかし，1950（昭和25）年から始まった朝鮮戦争の頃から，次第に経済は復興し始め，公的医療制度は拡大の道をとるようになり，1953（昭和28）年頃から私立学校教職員や市町村職員，国家公務員の共済組合が作られるようになりました。

1958（昭和33）年に，市町村は国民健康保険制度を設立しなければならないとした新しい国民健康保険法が制定され，設立は強制とされました。これにより，他の公的医療保険制度に加入していない住民はすべて市町村の国民健康保険制度に加入することとなりました[3]。

同年6月には現行の診療報酬体系の骨格となる**診療報酬点数表**が告示され，同年10月から実施されています。こうして，1961（昭和36）年に**国民皆保険体制**が実現しました。

国民皆保険制度は，戦前は，肉体労働者から始まったとはいえ「富国強兵」を念頭に推進されたようです。戦後は，すべての国民が平等に医療を受けられるように，という概念で行われており，世界保健機関（WHO）でも高く評価されているところです。この制度を維持するためには，正しい保険診療の理解が不可欠だと思います。

STEP 1-3　保険診療とは何か

● 保険医は健康保険法によって規定されている

　医師は医師国家試験に合格し，医師免許を取得すれば，医師法や医薬品医療機器等法（旧薬事法），医療法などに触れない限り，何でもできると考えられがちですが，こと保険診療に関しては，決められたルールがあり，医師がどのような診療も自由にできるというわけではありません。

　たとえば健康診断の場合，医師法に基づけば，診療として行うことに問題はありませんが，健康保険法によれば，保険医は健康診断を診療報酬請求することはできない，というような規制がかかります（☛ 45 ページ）。医師は基本的に医師法によって規定されていますが，保険医は健康保険法によって規定されているのです。もちろん，保険医療機関も健康保険法によって規定されています。

　この点が多くの医師に理解されていません。保険診療は，健康保険法等に基づいた「保険者と保険医療機関との公法上の契約」である，ということが十分に理解されていないのです。

● 保険診療は契約診療

　厚生労働大臣の指定に基づく保険診療の契約関係は保険者と保険医療機関との間に成立することから[4]，保険診療では，A という患者の診療に際し，患者の加入している保険者（たとえば，会社員であればその会社の○○会社健康保険組合）と診療の契約を結ばなければなりませんし，次の B という患者の診療においても，B が国民健康保険に加入していれば，加入している市町村か国保組合と診療の契約を結ばなければなりません。しかし，診療時間内にいちいち患者の加入している保険者と個々の診療の契約を結ぶなどということは現実的には不可能です。

そこで，厚生労働大臣が保険者に代わって医療機関との契約を締結するという仕組みがとられているのです。医療機関の申請に基づいて厚生労働大臣が指定を行うと，医療機関と全国に存在する保険者との間で一斉に契約関係が生じることになります。

保険者に代わって厚生労働大臣が指定を行う仕組みをとった理由として，
①前述のように，多数の医療機関と保険者が個別に契約を締結することは不可能である
②契約内容がすでに法律で定められている
③健康保険事業は国が指導監督すべき性質のものである
の3点が挙げられています[4]。

その際，「保険医療機関及び保険医療養担当規則」（いわゆる「療担」あるいは「療養担当規則」）〔巻末資料（☛ 117 ページ）参照〕を保険診療上最低限守るべき規則として取り決め，これを契約書として診療するということが決められました。これが「公法上の契約」に当たります。「保険診療は契約診療」といわれている所以です[4]。

保険医療機関の責務として，保険医療機関は，厚生労働省令で定めるところにより，療養の給付を担当しなければならず（健康保険法第 70 条），療養の給付に要する費用の額は，厚生労働大臣が定めるところにより算定する，と決められています（健康保険法第 76 条）。

保険医の責務としても，保険医療機関において診療に従事する保険医は，厚生労働省令で定めるところにより，健康保険の診療に当たらなければならない，と規定されています（健康保険法第 72 条）。これらの責務で「…で定めるところにより」と述べられている厚生労働省令が「保険医療機関及び保険医療養担当規則」なのです。

私も保険診療について誤解していた

健康保険法の目的は，疾病，負傷などに対して保険給付を行い，国民の生活の安定と福祉の向上に寄与する（健康保険法第 1 条）ことです。その基本的理念は，高齢化の進展，疾病構造の変化などに対応し，そのあり方に

関して常に検討が加えられ，その結果に基づき，医療保険の運営の効率化，給付の内容および費用の負担の適正化並びに国民が受ける医療の質の向上を総合的に図りつつ，実施されなければならない（健康保険法第2条）というものです。保険医療機関および保険医はこの健康保険法によって規定されています。

　医師になったからといって棚ぼた式に保険医に，あるいは保険医療機関の管理者になれるわけではありません。「保険医療機関になりたい」「保険医になりたい」と地方厚生（支）局長に申請して初めて指定，登録されるのです（健康保険法第64, 65, 71条）。したがって，保険医療機関や保険医は，契約書である「療養担当規則」を遵守しなければなりません（健康保険法第72条）。

　どうして，この原則を理解している医師が少ないのでしょうか。それは，医学部での学生時代を含めて，この原則を学ぶ機会が医師にはないことに起因しているように私には思えます。さらに，たとえ学ぶ機会があっても，保険診療とはどういうものかということにあまり興味を持たないからだと思われます。

　「医師になれば自動的に保険診療は付与されるものだ」と誤解している医師も少なくありません。私自身も，ある時期までそのように誤解していました。

　もう三十数年前の国家試験後のことですのでよく覚えてはいませんが，当時勤務していた大学病院で，医師免許証とともに，事務方からだったでしょうか，「これが保険医登録票です」と小さな紙切れを渡されました。それが何を意味するのか，まったくわかりませんでした。ただ，「大切なものですからなくさないようにしてください」と言われたことは記憶にあります。お恥ずかしい話ですが，その程度でした。

　そんな私が今偉そうに言うのはおかしいと思われるかもしれません。ただ，これから保険診療を始める医師には前車の轍を踏んでいただきたくないのです。ちなみに，この保険医登録票は，都道府県をまたがる異動があったときは，その都度書き換えなければなりません（保険医療機関及び保険薬局の指定並びに保険医及び保険薬剤師の登録に関する省令）。

●「事務方に任せておけばいい」は誤り

　国家試験に合格したばかりの研修医に対して，大学などで集団指導という名の保険診療に関する講演を行いますが，大多数の研修医は退屈そうに聞いています。保険診療とはどういうものか，どのようなルールがあるのか，ルールを破ればどのようなことになるのか，などを知ることは，今後の彼らの診療にとってきわめて重要だと思うのですが，彼らの反応は芳しくありません。

　研修医だけではありません。病院の理事長や院長，副院長，あるいは診療所の院長などのベテランの医師に対する集団指導においても，出席者は興味を持って聞いているようには見えません。

　なぜでしょうか。これは私の推測なのですが，「医師は診療を第一義とすべきであって，診療だけで多忙である。診療以外のことは事務方に任せておけばいい。事務方が診療報酬請求など保険診療に関する事柄を知っていればいい」という意識が医師側にあるからではないでしょうか。私もそのように思っていました。しかし，それは誤りです。

　自ら指導医療官として指導や監査をしてわかったことは，医療機関等の事務方の保険診療に対する知識も十分であるとは言いがたいことが多い，ということでした。

　経験豊富といわれていた事務長，医事課長でさえ，長い期間携わるうちに保険診療を自己流に解釈するようになったり，行政側を甘くみたりして，次第に不勉強になり，最近決まったルールを知らないということがよくありました。そのため，多額の返還金を支払わなければならなくなったり，より重い行政措置を被ることになったりする医療機関も少なくありませんでした。中には，しっかりした事務方もいましたが，それはごく少数でした。「こんなに事務方は知らないのか」というのが私の印象です。

　しかし，事務方がどうであろうと，最終的な責任は保険医療機関等の管理者にあります。医師だけでなく，看護師や薬剤師，事務方などのせいで保険診療に問題が生じた場合のすべての責任は，保険医療機関等の管理者にあります。その点を管理者の先生方は忘れないでください。

指導や監査の場で，「それは事務方がやったので私は知らない」と言っても通用しません。これだけは肝に銘じておいていただきたい，と思います。

● 医学生に保険診療の指導を行ってはどうか

どのようにすれば，保険診療というものが十分に理解されるか，私なりに考えてみました。

先ほど，保険医になったばかりの研修医に集団指導をするようになったが，あまり熱心に聞いてはいないようだったと述べましたが，研修医になれば，診療技術や新しい知識の習得，患者さんやその家族との接し方の実践学習などで多忙を極める日々でしょう。そこに，「保険診療とは」云々という指導を行っても，あまり興味を示さないのも当然かと思います。

三十数年前，医学部の卒業試験が終わった後，同僚から「文部省（当時）は卒業試験を済ませたら卒業して医者になってよろしいと言っているのに，厚生省（当時）がその後医師国家試験をするというのは，厚生省は文部省を信用していないのでは？」という声が上がっていました。よくいわれる「縦割り行政」というものが，保険診療に対する理解不足につながっているのではないか，と私なりに考えています。

大学の医学部の教育は文部科学省が担当するので，医学的なことのみ授業が行われますが，卒業した医師は，基礎研究者を除けば，大多数は厚生労働省の管轄下に置かれます。前述したように，医師になると突然「保険医登録票」を手にするわけです。保険診療に対する講義をまったく受けずに。

これは，私のまったく個人的な考えですが，文科省と厚労省が協力して，保険診療の指導は臨床講義が終了した時期に医学部の学生に対して行うようにしてはどうかと思っています。理由は，講義が終わり，臨床に対する夢や不安を漠然と感じる時期に保険診療の現実を紹介すれば，興味を持って聞くのでは，と考えるからです。

さらに，将来も現行の保険診療を国是とするのであれば，わが身を振り返って，学生は試験に出ないところは勉強しないと仮定すると，毎年の医師国家試験で療養担当規則に関する問題を必ず出題するという方法もあり

得るのでは，と思っています。そうすれば，自動車の運転免許ではありませんが，試験に合格した者が保険医の免許をもらえるという単純な論理でスッキリするのではないでしょうか。

　国家試験前に勉強すべき量が増えるという苦情が来そうですが，療養担当規則の分量はそんなに多くありません。内容も平易なものです。それほど負担にはならず，必ず得点できるやさしい問題になると思うのですが，これは少し役人的な考えでしょうか。

STEP 2

指導・監査はこんなふうに行われている

「はじめに」で申し上げましたとおり，私は，2010（平成22）年1月から2013（平成25）年12月までの4年間，厚生労働省近畿厚生局の指導医療官として指導・監査の現場で働き，約400件の個別指導，十数件の監査を行いました。守秘義務がありますので公にできない部分もありますが，本章では，私の4年間の経験，そこで得た知識に基づいて，指導・監査は実際にどのように行われているのか，できる限り具体的に紹介したいと思います。

STEP 2-1　指導・監査と指導医療官

● 指導医療官という仕事

指導医療官とはどのような仕事か，ご存知でしょうか。指導医療官の設置については，1981（昭和56）年4月1日付け保発第19号・庁発第5号厚生省保険局長・社会保険庁長官連名通知があり，2008（平成20）年9月30日付け保発第0930007号厚生労働省保険局長通知で改正していますが，その内容は以下のとおりです。

指導医療官設置要綱

1 設置
保険診療の適正化を図るため地方厚生（支）局に指導医療官を置く。

2 任命
指導医療官は，医師または歯科医師の資格を有する厚生労働技官をもってあてる。

3 職務
指導医療官は，地方厚生（支）局長の命を受けて，次の事務を行う。
（1）地方厚生（支）局の所掌事務のうち医学上の専門的事項に関すること
（2）その他保険診療に関する事項について地方厚生（支）局長が必要と認めること

このような文書では指導医療官が何をするのかよくわからないと思いますので，もう少し具体的に説明します。

指導医療官は，集団指導や集団的個別指導が講習・講演の形式で行われる場合，講師を務めます。

　個別指導の場合は，まず，さまざまな情報により，診療内容あるいは診療報酬請求に問題があると思われる保険医療機関の診療報酬明細書（レセプト）をチェックし，事務官とも相談しながら，本当に問題がありそうかどうかを調べます。当該保険医療機関に疑義がありそうだと判断すると，その医療機関を選定委員会〔STEP 2-3（☛ 20ページ）で詳述〕に諮りますが，指導医療官はその委員会に出席し，個別指導を行うか否かの協議に参加します。

　ある保険医療機関が個別指導の必要ありと判断された場合，その医療機関の連月2カ月分の診療報酬明細書から30件を選出します。その後，面接懇談方式により行われる個別指導の席で，それらの症例の診療内容や診療報酬請求について検討します。

　個別指導後，後述する行政上の措置に関する協議に参加します。

　患者調査が必要な場合，事務官に同行し，共同で調査に当たることもあります。

　新規個別指導の場合，検討される症例は，診療所の場合は10件，病院の場合は20件程度です。大学附属病院や臨床研修病院等を対象として行う特定共同指導では50件について検討します。

人材確保が困難な理由

　指導医療官の定員は，現時点では医科約70名，歯科約50名です。歯科はほぼ定員数を満たしていますが，2013（平成25）年頃は，医科は定員の50％程度しか満たしていませんでした。

　医科の指導医療官の人材確保が困難な理由として，厚労省は，
①職責から，指導する立場として十分な臨床経験が必要である
②臨床ができなくなるとともに，医師を処分する職務である
③臨床医との所得格差がある
の3点を挙げています。

2010 (平成 22) 年に行われた行政事業レビューや中央社会保険医療協議会などでは指導医療官の処遇改善が課題として指摘されていますが，いまのところまったく改善されていません。

STEP 2-2　指導・監査等（1）——適時調査

　保険医療機関等の指導・監査等には，大きく分けて「指導」「監査」「適時調査（施設基準等適時調査）」の 3 種類があります (表1)。

　このうち適時調査は，基本診療料など診療報酬に係る施設基準の届出を行った保険医療機関に対し，その施設基準を満たしているか否かを実地調査するものです。原則として，年 1 回，届出受理後 6 カ月以内を目途に実施しています。

　適時調査では，必要な関係書類や院内掲示などを点検します。終わりに，調査のまとめと講評を口頭で行います。後日，これらを文書で通知します。調査結果の指摘事項では，施設基準の維持には問題はないものの，運用などに問題があった場合には，改善事項として改善報告書が求められます。人員が基準に満たない場合や看護要員の平均夜勤時間が基準を超過しているような場合には，届出の変更または取り下げと，返還事項として当該期間の診療報酬の返還が求められます。場合によっては巨額の返還金が求められ，個別指導へ移行することもあります。

　STEP 4 の表 10 (☞ 111 ページ) にも示しているように，適時調査による返還金は年ごとに増加しています。2012 (平成 24) 年度ではその金額は 72 億円余りとなり，この年度の返還金約 130 億円の 50% 以上を占めるようになり，2013 (平成 25) 年度においても 62 億円弱と総返還金 146 億円の 40% 以上を占めています。施設基準にはくれぐれも細心の注意を払ってください。

表1　保険医療機関等の指導・監査等

指導

社会保険の医療担当者として，適正な療養の給付を担当させるため，療養担当規則等に定められている診療方針，診療（調剤）報酬の請求方法，保険医療の事務取扱等について周知徹底し，保険診療（調剤）の質的向上及び適正化を図ることを目的として行うもの
（根拠規定等：健康保険法第73条，船員保険法第59条，国民健康保険法第41条，高齢者の医療の確保に関する法律第66条，指導大綱 等）

【指導の形態】
①集団指導
　指導対象となる保険医療機関等又は保険医等を一定の場所に集めて講習等の方式により行うもの
②集団的個別指導
　指導対象となる保険医療機関等を一定の場所に集めて個別の面接懇談方式または講習等の方式により行うもの
③個別指導
　指導対象となる保険医療機関等を一定の場所に集めて，または当該保険医療機関等において個別に面接懇談方式で行うもの

監査

医療担当者の行う療養の給付が，法令の規定に従って適正に実施されているかどうか，診療（調剤）報酬の請求が適正であるかどうかなどを，出頭命令，立入検査等を通じて確かめることを目的として行うもの
（根拠規定等：健康保険法第78条，船員保険法第59条，国民健康保険法第45条の2，高齢者の医療の確保に関する法律第72条，監査要綱 等）

【監査後の措置】
①指定・登録取消
②戒告
③注意

【経済上の措置】
- 監査の結果，診療内容又は診療報酬の請求に関し不正又は不当の事実が認められた場合における当該事項に係る返還期間は，原則5年間。
- 各医療機関においては，監査において不正又は不当が認められた事項について，この期間内の全患者分の診療録を対象に自主点検を行い，返還同意書を作成し，各厚生局の都道府県事務所等に提出。
- 都道府県事務所等では，その内容を確認の上，保険者に通知し，医療機関から保険者へ返還。

施設基準等適時調査

基本診療料及び特掲診療料の施設基準等の届出があった保険医療機関等を対象とし，原則として，年1回，受理後6カ月以内を目途に行う調査。調査の結果，届出の内容と相違する場合には，改善報告書の提出や診療報酬の返還を求める。

（2012年10月31日 中央社会保険医療協議会総会資料をもとに作成）

STEP 2-3　指導・監査等（2）——指導

● 指導の対象はすべての保険医療機関・保険医

　指導は，保険診療の質的向上と適正化を目的として行われるもので，保険医療機関・保険医として指定・登録された医療機関・医師すべてが対象となります（健康保険法第73条）。

　指導は「**指導大綱**」に，監査は「**監査要綱**」に則って行われます。これらの大綱や要綱は，1995（平成7）年12月に中央社会保険医療協議会（厚生労働大臣の諮問機関）において，診療側と支払側，さらに公益者代表による議論を経て最終的に改正されており，行政側が勝手に決めたというものではありません。

　指導には，**集団指導**，**集団的個別指導**および**個別指導**があり，前述のとおり，原則としてすべての保険医療機関・保険医を対象としますが，集団的個別指導や個別指導は，一定の条件を満たした場合に行われます。

　集団的個別指導や個別指導は，指導対象の候補となる医療機関の選定を公正に行う必要があるため，都道府県と厚生労働省（地方厚生局）との共同による**選定委員会**が開かれ，その会議で指導対象の保険医療機関が選定されます。選定委員会には，都道府県側から保険主管課等の関係者，厚生局側から指導医療官や事務官等が出席します。

❶ 集団指導

　集団指導には，①指定時，②改定時，③更新時，④保険医等新規登録時の4つの時期の指導があります。

　①は新たに保険医療機関に指定された医療機関を対象としています。

　④は保険医の新規登録を行った医師に対して行われるもので，主として

大学卒業後医師国家試験に合格した研修医が対象となっています。
　②は診療報酬改定が行われる年度の前月末までに行われます。
　③は保険医療機関等の更新時にということですが，私は更新時に指導を行ったことはありません。
　これらの指導は講演・講習形式で行われます。
　多忙を理由に集団指導を欠席しようとする管理者もいますが，病気や家族・親族の不幸などの正当な理由がない限り，欠席はできません。それは，健康保険法第73条に「保険医療機関及び保険薬局は療養の給付に関し，保険医及び保険薬剤師は健康保険の診療又は調剤に関し，厚生労働大臣の指導を受けなければならない」と厚生労働大臣の指導が明記されており，それにより指導が行われているからです。これは保険医療機関・保険医の責務なのです。

❷ 集団的個別指導

● 集団的個別指導の対象選定には明確な基準がある

　集団的個別指導は，すべての医療機関を主たる診療科をもとに分類し，その類型区分ごとに指導大綱の規定に従って指導対象の医療機関を決定しています。指導は，対象の医療機関の管理者を集めて講演・講習方式で行う部分と個別の面談方式で行う部分とがあります。
　この集団的個別指導の対象保険医療機関の選定に関しては，以下に示すような明確な基準があります。

① 1995（平成7）年12月22日付け保発第117号　厚生省保険局長通知によれば…
　保険医療機関等の機能，診療科等を考慮した上で診療報酬明細書の1件当たりの平均点数が高い保険医療機関等（以下，「高点数保険医療機関等」という。ただし，取扱件数の少ない保険医療機関は除く）について1件当たりの平均点数が高い順に選定する。

② 1995(平成7)年12月22日付け保険発第164号 厚生省保険局医療課長通知によれば…

　指導対象となる高点数保険医療機関等の選定は，診療報酬明細書の1件当たりの平均点数が，各都道府県において，当該都道府県の保険医療機関等の特性，医療費の実態等を勘案し，毎年度，保険医療機関等の類型ごとに定める一定の基準を上回る保険医療機関等を対象にして行うものとする。

③ 2000(平成12)年5月31日付け厚生省保険局医療課医療指導監査室事務連絡によれば…

　②の「一定の基準を上回る保険医療機関等」とは，診療報酬明細書1件当たりの平均点数が都道府県の平均点数の一定割合〔病院（歯科を除く）にあっては1.1倍，その他にあっては1.2倍〕を超えるものであり，かつ前年度および前々年度に集団的個別指導または個別指導を受けた保険医療機関等を除き類型区分ごとの保険医療機関等の総数の上位よりおおむね8％の範囲に位置する保険医療機関等をいうものとする。

　2008(平成20)年3月31日（保発第0331001号）の「保険医療機関等及び保険医等の指導及び監査について」の一部改変では，病院の区分は，
① 一般病院
② 老人病院
③ 精神病院
④ 臨床研修指定病院・大学病院・特定機能病院
の4区分で変わりはないようですが，診療所の区分は，
① 内科〔主として人工透析を行う内科を除き，呼吸器科，消化器科（胃腸科を含む），循環器科，アレルギー科，リウマチ科を含む〕
② 内科〔主として人工透析を行うもの（内科以外で，主として人工透析を行うものを含む）〕
③ 精神・神経科（神経内科，心療内科を含む）
④ 小児科
⑤ 外科（呼吸器外科，心臓血管外科，脳神経外科，小児外科，肛門科，麻酔科を含む）

⑥整形外科（理学療法科，リハビリテーション科，放射線科を含む）
⑦皮膚科（形成外科，美容外科を含む）
⑧泌尿器科（性病科を含む）
⑨産婦人科（産科，婦人科を含む）
⑩眼科
⑪耳鼻咽喉科（気管食道科を含む）
の11区分とされました。

　ある年度に集団的個別指導を受けた保険医療機関は，翌年度および翌々年度は集団的個別指導の対象から除外されます。

　また，集団的個別指導を受け，翌年度実績において上位4%に入ると，個別指導の対象保険医療機関として選定されます。

　なお，正当な理由がなく集団的個別指導を拒否した場合は，個別指導へ移行します（指導大綱）。

● 批判にさらされやすい集団的個別指導

　この集団的個別指導については，医療現場から不満や批判の声をよく聞きます。指導対象の保険医療機関等に通知がいきますと，
「なんで，うちが対象になるのか」
「そんな指導に何の意味があるのか」
「点数が高いことは悪いことなのか。うちはただ懸命に診療をしているだけだ」
「まじめに診療しているだけなのに，診療を休んでどうして行かなければならないのか」
「まるで犯罪者扱いではないか」
等々，多くの問い合わせがあり，毎回，それらの対応に事務官が大変な苦労をしています。

　元厚生労働省保険局医療指導管理官の向本時夫氏は，集団的個別指導は前述の基準に従えば，恣意的なものではなく，集団指導と個別指導の中間的指導として，いわば「次善的注意」（イエローカード）の意味で設けられ

たものである，と述べています[5]。

実際の指導では，「高点数が必ずしも悪いということではありません」と事務官が説明していますが，「点数が高いから，わざわざ呼ばれて指導を受けさせられるんだろう？」という反論には的確には答えにくいようです。

私も集団的個別指導で壇上に立つのは気が進みませんでした。理由は，憤懣やるかたないといった雰囲気が会場に満ちていて，そんな中で登壇すると，参加された先生方から一斉に刺すような視線を浴びせかけられているように感じたからです。

私は，壇上から，

> 「いろいろご不満もおありでしょうが，保険医療機関および保険医はこのような指導を受けないといけないと健康保険法等で決められているのです。これを奇貨として，療養担当規則等保険診療のルールをより深く知る機会を得たと考え，明日からの診療に少しでも生かしていただければ幸いです」

とお話しするようにしていました。

集団的個別指導でお話しする内容の原稿は，毎年本省から電子メールで送られてきます。私は，送られてきた原稿をそのままお話しするのではなく，自分なりに原稿のスライドを取捨選択し，必須事項のスライド以外に，独自のスライドを追加して100枚くらいのスライドからなる私なりの原稿を作成していました。せっかく来たのだから，少しでも日常の臨床に役立つ知識を得て帰っていただきたいと思っていたからです。

● 集団的個別指導の会場で拍手をもらったとき

ある会場で集団的個別指導を行ったとき，会場から拍手が起こったことがあります。指導に立会として参加してくださった学識経験者の医師からは，「最近，このような素晴らしい会に参加したことはありませんでした。感動しました」との感想をいただき，事務官ともども，「やっと我々の趣旨を理解してもらえる医師たちと出会えたか」と喜び合いました。しかし，このようなことは例外中の例外でした。

自動車運転免許のことを引き合いに出して,「交通法規を守らない運転は許されないのだから,保険診療においても,療養担当規則を中心とした関係各法令を遵守する必要がある」と説明することがあるのですが,交通ルールを引き合いに出すのであれば,現在の集団的個別指導のやり方を変えて,自動車免許更新時に交通安全に関する講話をするように,診療報酬点数の如何に関係なく,すべての保険医療機関の更新時に集団指導をしたほうが,指導される側も素直に受けられるのではないか,と個人的には思っています。正しい保険診療を遍く知らしめるという趣旨でも,そのほうが理にかなっているのではないか,と思います。

❸ 個別指導

個別指導はどこに重点を置いているか

　個別指導には「新規個別指導（新規指定個別指導）」と「個別指導」があります。

　前者は,新たに保険医療機関に指定された医療機関で,新規指定からおおむね6カ月を経過した保険医療機関等を対象としています。この場合,指導対象となる保険医療機関は選定委員会には諮られません。

　後者は,前述のとおり,選定委員会にて決定された保険医療機関を対象とします。

　個別指導のうち,厚生労働省・地方厚生（支）局・都道府県が共同して行うものを「共同指導」といい,特に大学病院,臨床研修指定病院等を対象として行うものを「特定共同指導」といいます。

　個別指導は対象の医療機関との面接懇談方式で行われます。当該患者の診療内容および診療報酬請求が適切に行われているか,診療報酬明細書と診療録などの関係書類をもとに確認します。

　具体的には,主に以下の点に重点を置いて指導をしています。
①当該医療機関および保険医が「保険医療機関及び保険医療養担当規則」などの

基本的ルールを守っているか
②当該医療機関および保険医が，診療報酬請求の根拠を診療録に記載しているか
③診療が医学的に妥当適切に行われているか
④保険請求事務が適切に行われているか
⑤各種届出事項が適切に行われているか

　新規個別指導の場合，診療所であれば，各地の厚生局事務所や厚生局が指定した場所へ診療所の管理者に赴いていただくことになりますが，病院の場合は指導担当部門が多岐にわたりますので，厚生局側から病院へ赴きます。

● 個別指導後の措置は4種類

　集団指導では，指導後に行政上の措置が行われることはありませんが，個別指導後には，次の4区分の措置が行われます。
①「**概ね妥当**」：診療内容および診療報酬請求がおおむね妥当適切に行われている場合
②「**経過観察**」：診療内容および診療報酬請求に関して，適正を欠く部分が認められるものの，その程度が軽微で，診療担当者等の理解も十分得られており，改善が期待できる場合
③「**再指導**」：診療内容または診療報酬請求に関して，適正を欠く部分が認められ，再度指導を行わなければ改善状況を判断できない場合
④「**要監査**」：個別指導中に診療内容または診療報酬請求に関して，明らかに不正または著しい不当が疑われる場合

　経過観察の結果，改善が認められないときは，当該保険医療機関に対して再指導を行います。

　要監査の場合は，指導の中止を宣言し，患者調査を経て速やかに監査を行います。

個別指導後の措置で用いる専門用語

【不正請求】

不正請求の代表例としては次のようなものがあります。
- ①架空請求：診療の事実がないものを診療したとして請求すること
- ②付増請求：実際に行った診療に，行っていない診療を付増して請求すること
- ③振替請求：実際に行った診療を保険点数の高い別の診療に替えて請求すること
- ④二重請求：自費診療をして患者から料金を受領し，保険でも請求すること
- ⑤重複請求：請求済みのものを重複して請求（たとえば，9月分として請求済みのものを12月分として再び請求）すること
- ⑥その他請求
  - 医師数，看護師数等の標欠：医師数，看護師数が医療法の標準数を満たしていないにもかかわらず，入院基本料を減額せずに請求した場合
  - 定数超過入院：入院患者数の平均が基準以上であるにもかかわらず，入院基本料を減額せずに請求した場合
  - 施設基準の要件を満たしていないにもかかわらず，虚偽の届出を行った場合
  - 非保険医の診療，業務上の傷病についての診療に関して請求した場合
  - 保険請求できない診療行為（押し掛け往診，健康診断，無診察投薬，自己診療など）に関して請求した場合

  など

【不当請求】

診療報酬請求のうち，算定要件を満たしていないなど，その妥当性を欠くもの
例：「指導の要点」を診療録（カルテ）に記載することを条件に算定が認められている診療報酬について，診療録に指導の要点を記載していない。

【返還金】

個別指導において判明した，不正に，または不当に請求された診療報酬は返還されます。指導対象となった診療報酬明細書のうち返還が生じるものおよび返還事項に係る全患者の指導月前1年分の診療報酬明細書について，当該保険医療機関が自主点検を行って，返還することになっています。ただし，新規個別指導においては，返還対象となった患者のみの返還となります。

【患者調査】

健康保険法第60条第2項の規定に基づき，健康保険の療養の給付等の保険給付の状況を調査します。

STEP 2-4　指導・監査等（3）――監査

● 個別指導から監査に移行する場合

　前述のとおり，個別指導において，保険医療機関等の診療内容または診療報酬の請求について不正または著しい不当が疑われる場合，個別指導を中止し，監査要綱に則り，的確に事実関係を把握し，公正かつ適切な措置をとるために監査が行われます。
　具体的には，監査は，次のいずれかに該当する場合に行われます。
①診療内容に不正または著しい不当があったことを疑うに足りる理由があるとき
②診療報酬請求に不正または著しい不当があったことを疑うに足りる理由があるとき
③度重なる個別指導によっても診療内容または診療報酬の請求に改善がみられないとき
④正当な理由がなく個別指導を拒否したとき

● 監査は実際にどのように行われるか

　監査は，事実確認を行う行為で，当該保険医療機関と面接懇談方式で行われます。個別指導時と同様に，監査も適切に行われているかをチェックするために学識経験者の医師が立ち会います。ただし，個別指導と異なる点は，新規個別指導はおよそ1時間，個別指導は大体2時間であるのに対し，監査では事実が確認されるまで行いますので，場合により，数時間，数回にわたる場合があります。

STEP 2-4　指導・監査等（3）──監査　29

```
           ┌──────────┐
           │  個別指導  │  原則として実施
           └────┬─────┘
                ▼
           ┌──────────┐
           │  事前調査  │  レセプト再点検，患者調査
           └────┬─────┘
                ▼
           ┌──────────┐
           │調査結果の検討│
           └────┬─────┘
                ▼
           ┌──────────┐
           │監査決定（通知）│
           └────┬─────┘
                ▼
           ┌──────────┐
           │  監査実施  │
           └────┬─────┘
```

【指定・登録取消】　【指定・登録取消相当】　【戒告・注意】

厚生労働省保険局への内議	厚生労働省保険局への報告	厚生労働省保険局への協議
聴聞通知	保険医療機関等からの意見提出等の通知	
保険医療機関等の聴聞		
地方社会保険医療協議会諮問	地方社会保険医療協議会建議	
地方社会保険医療協議会答申		
指定・登録取消〔地方厚生（支）局〕	指定・登録取消相当〔地方厚生（支）局〕	
通知　公示　報告	通知　報告	通知

診療報酬の返還

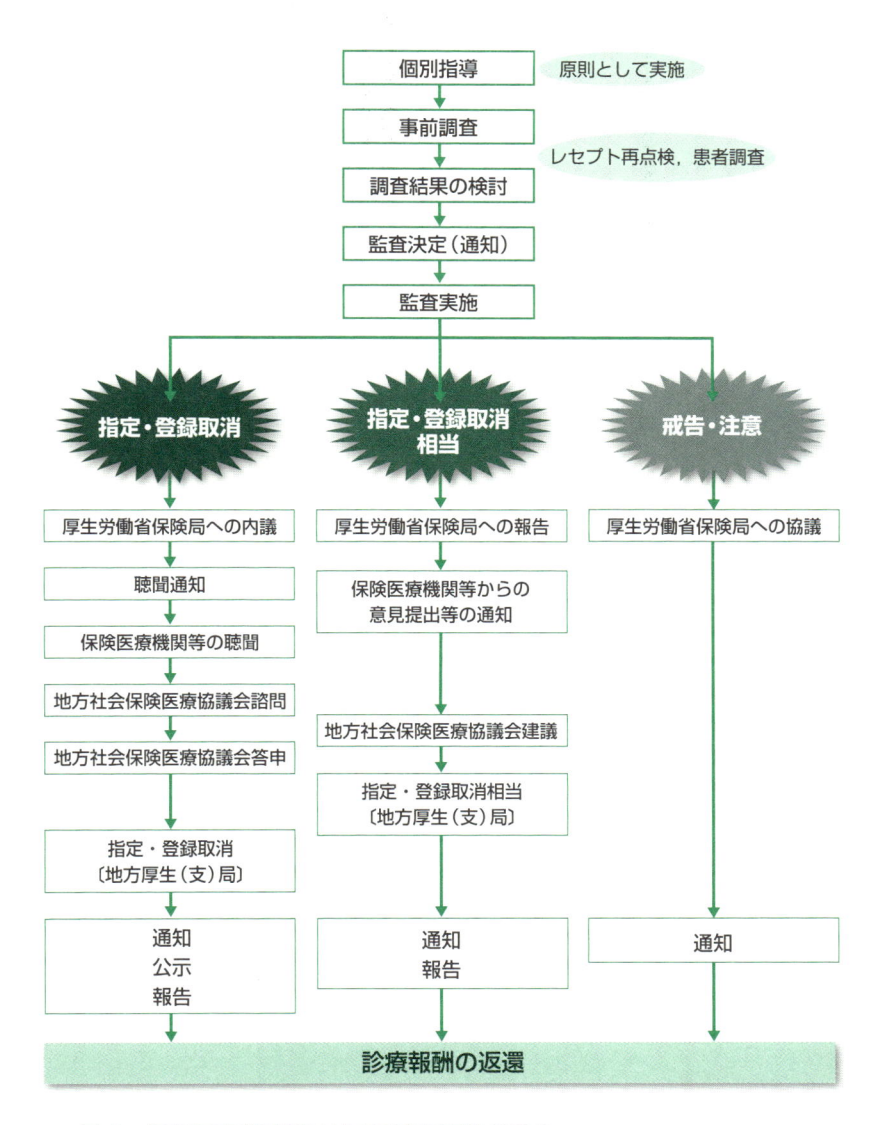

図1　保険医療機関等に対する監査事務の流れ
　　　（2012年10月31日　中央社会保険医療協議会総会資料をもとに作成）

返還金は行政に支払われるわけではない

不正または不当請求により保険医療機関等に支払われた診療報酬は，保険医療機関等が法律上の根拠なくして得ている利益であり，保険者の財産である保険財源に損失を与えていると考えられることから，民法（第703，704条）の規定に基づけば，当該診療報酬を保険者に返還する義務（不当利得返還請求等）があります。

不正請求には，請求した額に40％の加算金が追加される（健康保険法第58条第3項）ことがあります。

返還期間は，原則として，監査に着手した日の属する月の前月から5年前以降の5年間分とされています。「原則として5年間分」というのは，不正または不当事項を確認する診療録の保存期間が5年間と医師法や療養担当規則に定められていることによります。

稀に「返還金は行政側に支払われるから，行政側が金銭的に潤う」あるいは「多額の返還金を求めたほうが行政側の業績となるから，執拗に保険医療機関に返還金を求めているのではないか」という声を聞きますが，それは誤りです。返還金は診療報酬を支払った保険者に返還されるのであって，行政側は単にその事務手続を仲介しているだけです。

監査後の措置で最も重いのは「取消」処分

監査後は，保険医療機関および保険医に対して「（保険医療機関指定または保険医登録の）取消」「戒告」「注意」などの行政上の措置がとられます（図1）。それらの措置の規定は以下のとおりです。

監査後の措置

1 取消
- 故意に不正または不当な診療や診療報酬請求を行ったもの
- 重大な過失により，不正または不当な診療や診療報酬請求をしばしば行ったもの

2 戒告
- 重大な過失により，不正または不当な診療や診療報酬請求を行ったもの
- 軽微な過失により，不正または不当な診療や診療報酬請求をしばしば行ったもの

3 注意
- 軽微な過失により，不正または不当な診療や診療報酬請求を行ったもの

　「故意」と「過失」の違いについては，私法上は，故意とは「自分の行為から一定の効果が生じることを認容しながら行為に出る心情」，過失は「注意義務違反のこと」とされているようです。

　なお，監査を拒否した場合は，保険医療機関または保険医の指定・登録が取り消されます（健康保険法第80条第5号，第81条第2号）。

●「聴聞」を経て「地医協」に諮問

　監査の結果，保険医療機関または保険医が取消処分に該当すると認められる場合には，取消処分予定者に対して，「行政庁は，不利益処分をしようとする場合には，当該不利益処分の名あて人となるべき者について，意見陳述のための手続を執らなければならない」という行政手続法第13条の規定により「聴聞」を行わなければなりません。

　聴聞に関しては，行政手続法第15～28条に詳細な規定があります。

　不利益処分の対象者には，
- 予定される不利益処分の内容および根拠となる法令の条項
- 不利益処分の原因となる事実
- 聴聞の期日・場所
- 聴聞に関する事務を所掌する組織の名称・所在地

を書面により通知しなければなりません。

　通知を受けた者は代理人を選任することができます。

　聴聞は，行政庁が指名する職員その他政令で定める者が主宰することになっており，その主宰者は当該不利益処分につき「利害関係を有する者と認められる者」（関係人）に対し，聴聞に関する手続きに参加することを認

めることができます。

　さらに，主宰者は，最初の聴聞の期日の冒頭において，行政庁の職員に，予定される不利益処分の内容および根拠となる法令の条項並びにその原因となる事実を，聴聞の期日に出頭した者に対し説明させなければならない，とされています。

　「戒告」「注意」の場合は行政処分ではありませんので，聴聞は行われません。

　聴聞を経て取消処分を行う場合には，「厚生労働大臣は，保険医療機関の指定を取り消そうとするとき，または保険医の登録を取り消そうとするときは，地方社会保険医療協議会に諮問するものとする」という規定（健康保険法第82条第2項）により，**地方社会保険医療協議会（地医協）**に諮り，答申を得なければなりません。

医療者側に厳しい？「地医協」

　中央社会保険医療協議会（中医協）の名称は，診療報酬改定時などにマスコミにしばしば登場しますので，耳にしたことがあるかもしれませんが，地方社会保険医療協議会（地医協）の名称を聞いたことのある人はごく少数と思われます。そこで，少し地医協のお話をします。

　地医協は，社会保険医療協議会法で次のように定められています。

社会保険医療協議会法〔抜粋〕

〔最終改正：2015（平成27）年5月29日〕

(設置)
第1条　厚生労働省に，中央社会保険医療協議会（以下「中央協議会」という）を置く。
2　各地方厚生局（地方厚生支局を含む）に，地方社会保険医療協議会（以下「地方協議会」という）を置く。

（所掌事務）
第2条
2　地方協議会は，保険医療機関及び保険薬局の指定及び指定の取消し並びに保険医及び保険薬剤師の登録の取消しについて，厚生労働大臣の諮問に応じて審議し，及び文書をもって答申するほか，自ら厚生労働大臣に，文書をもって建議することができる。

（組織）
第3条　中央協議会または地方協議会は，それぞれ，次に掲げる委員20人をもって組織する。
　　一　健康保険，船員保険及び国民健康保険の保険者並びに被保険者，事業主及び船舶所有者を代表する委員　7人
　　二　医師，歯科医師及び薬剤師を代表する委員　7人
　　三　公益を代表する委員　6人
2　厚生労働大臣は，地方協議会において特別の事項を審議するため必要があると認めるときは，前項各号の規定による委員の構成について適正を確保するように配慮しつつ，臨時委員を置くことができる。
3　厚生労働大臣は，それぞれ中央協議会または地方協議会において専門の事項を審議するため必要があると認めるときは，その都度，各10人以内の専門委員を置くことができる。
4　委員，臨時委員及び専門委員は，厚生労働大臣が任命する。
第5条　中央協議会及び地方協議会に，それぞれ，公益を代表する委員のうちから委員の選挙した会長1人を置く。
2　会長は，会務を総理し，それぞれ，中央協議会または地方協議会を代表する。

（会議）
第6条　中央協議会及び地方協議会は，正当な理由がある場合を除いては，6月に1回以上開かなければならない。
第7条　中央協議会及び地方協議会は，それぞれ，会長が招集する。
2　会長は，厚生労働大臣の諮問があったとき，または委員の半数以上が審議すべき事項を示して招集を請求したときは，その諮問または請求の日から，2週間以内に，それぞれ，中央協議会または地方協議会を招集しなければならない。

以上が地医協の法律上の規定ですが，監査に関していえば，行政側が監査後の措置を恣意的に行っていないかをチェックする機関ともいえます。

法理論的観点では，行政側が不利益処分を行おうとする場合には，行った行為の悪質性に比例した措置なのかという「比例原則」や，同じ行為をしたものを平等に処分しているかという「平等原則」に従わなければならない，とされているようです[6]。

私もこの地医協に参加しましたが，総じて医療者側に対して厳しい意見が多いと私には思えました。具体的には話せませんが，保険者側の委員はもちろん，公益を代表する委員も厳しい考えを持っているということを医療者側は承知する必要があります。

日常的に診療を行っていますと，つい，なあなあ，まあまあとなりがちですが，その中には，保険医療機関・保険医である以上，それでは許されないことがある，ということを重々知っておく必要があります。

保険診療を正しく理解するために集団指導があり，正しく行われているかどうかをチェックするのが個別指導です。その両者に事務官のみならず医師である指導医療官（あるいは保険指導医）が関与しています。さらに，保険医療機関や保険医に対する不利益処分には行政側の考えだけでなく，保険者や公益代表者の意見が重要であり，彼らの意見なしには決定はされません。

このような仕組みをおそらく大部分の保険医療機関の管理者や保険医はご存知ないのではないでしょうか。わが国のほぼすべての日常診療が保険診療によって行われている以上，この仕組みがほとんど理解されていないという状況は改善していく必要があるのではないでしょうか。

STEP 3

ココを押さえれば大丈夫！保険診療チェックポイント

保険診療は，保険医療機関や保険医が勝手に診療したり，保険請求したりできるものではありません。そこにはちゃんとしたルールがあります。自動車の運転にもルールがあるように。

以下，『医科点数表の解釈』（平成 26 年 4 月版）[7]などを参考に，私見による「保険診療を正しく行うためのチェックポイント」を示したいと思います。これらの事項は実際の個別指導においても指摘されています[8〜11, 22〜24, 26]。

STEP 3-1　基本診療料

❶ 初診料

☐ ある疾患の治療中の患者に，新たに発生した他の傷病で初診を行っても，その新たに発生した傷病について初診料は算定できません。

☐ 慢性疾患等明らかに同一の疾病または負傷であると推測される場合は，たとえ 1 月以上診療の間隔があいていても，初診としては取り扱いません。ただし，患者が任意に診療を中止し，1 月以上経過した後，再び同一の医療機関において診療を受ける場合には，その診療が同一病名または同一症状によるものであっても，その際の診療は，初診として取り扱います。

☐ 無症状で健康診断を行い疾患が発見された場合，健康診断を行った保険医療機関では，初診料の算定はできません。ただし，当該治療に関しては，初診を除いて，医療保険給付の対象として診療報酬請求は可能です。他の保険医療機関で治療を開始した場合には，初診料は算定できます。

☐ 保険医療機関が表示する診療時間以外の時間においても，当該保険医療機関が常態として診療応需の態勢をとり，診療時間内と同様の取り扱いで診療を行っているときは，時間外加算の取り扱いはしません。

❷ 再診料

- [ ] 外来管理加算は，処置，リハビリテーション等（診療報酬点数のあるものに限る）を行わずに，計画的な医学管理を行った場合に算定できます。その場合，患者からの聴取事項や診察所見の要点を必ず診療録に記載してください。

- [ ] 往診料を算定した場合にも，再診料に加えて外来管理加算を算定できます。

- [ ] やむを得ない事情で看護に当たっている者から症状を聞いて薬剤を投与した場合においては，再診料は算定できますが，外来管理加算は算定できません。

- [ ] 多忙等を理由に，簡単な症状の確認等を行ったのみで継続処方を行った場合は，再診料は算定できますが，外来管理加算は算定できません。

- [ ] 電話等による再診では，治療上の意見を求められた場合に，必要な指示をしたときに再診料を算定できますが，その指示内容を必ず診療録に記載してください。

- [ ] 外来診療料の取り扱いは，再診料の場合と同様ですが，電話等による再診料および外来管理加算は算定できません。

- [ ] 夜間・早朝等加算を算定する場合，診療録に患者の来院時刻を記載するようにしてください。診療報酬を請求する場合は，請求の根拠を診療録に記載する必要があります。

> 時に，患者さんやその家族から「診療時間内に行ったのに，明細書を見たら夜間・早朝等加算が取られている。あそこ（＝医療機関）はいいかげんだ」といった類いの電話が厚生局にかかってくることがあります。厚生局のほうでは，「その医療機関のところへ行って確認してください」としか言いようがありません。そのようなとき，診療録に記載があれば，医療機関は算定の根拠を明示し，患者さんを説得することができるでしょう。

❸ 入院基本料

☐ 入院基本料は，入院診療計画，院内感染防止対策，医療安全管理体制，褥瘡対策および栄養管理体制の入院療養に関する標準的かつ重要な5つの対策や体制が，厚生労働大臣の定める基準に適合して初めて算定できるものです。保険医療機関は恒常的に基準を満たしていなければなりません。

入院診療計画の基準

☐ 入院の際に，医師，看護師，その他必要に応じ関係職種が共同して総合的な診療計画を策定してください。

☐ 文書（入院診療計画書）により病名，症状，治療計画，検査内容および日程，手術内容および日程，推定される入院期間等について，必ず入院後7日以内に説明を行ってください。その際，特別な栄養管理の必要性の有無についても説明してください。

☐ 説明に用いた文書（入院診療計画書）には，説明した主治医とその説明を受けた患者またはその家族の署名が必須です。その文書を患者に交付するとともに，その写しを診療録に貼付してください。

院内感染防止対策の基準

☐ 院内感染防止対策委員会（病院長以下，各部門の責任者および感染症対策に関し相当の経験を有する医師等で構成）を設置し，月1回程度，定期的にその委員会を開催してください。

☐ 「『感染情報レポート』の作成（週1回程度）」「職員等に対する手洗いの励行の徹底」「必要な消毒機材の設置」などの対策を講じてください。

医療安全管理体制の基準

☐ 安全管理のための体制，指針，医療事故等の院内報告制度が整備され，安全管理の責任者等で構成される委員会が月1回程度開催されていること，

さらに，安全管理体制確保のための職員研修が年2回程度実施されていることが必要です。

褥瘡対策の基準

- [ ] 褥瘡対策に関する専任の医師，褥瘡の看護経験を有する専任の看護職員で構成される褥瘡対策チームを設置し，褥瘡対策に関する診療計画書を用いて，日常生活の自立度の低い入院患者について褥瘡に関する危険因子の評価を行う必要があります。

- [ ] 療養病棟入院基本料と有床診療所療養病床入院基本料については，入院患者が別に厚生労働大臣が定める状態（ADL区分3の状態）の場合，褥瘡評価実施加算を算定できますが，ADL区分の判定が23点以上の状態の患者で，褥瘡が発生した場合や身体抑制を実施せざるを得ない場合には，「治療・ケアの確認リスト」を用いて現在の治療・ケアの内容を確認する必要があります。その場合，そのリストの写しを診療録に添付してください。今後の治療・看護の計画を見直した場合には，その内容を診療録等に記載してください。

栄養管理体制の基準

- [ ] 栄養管理を担当する常勤の管理栄養士を配置し，医師，看護師等の医療従事者が共同して栄養管理を行う体制を整備し，栄養管理手順を作成してください。

- [ ] 入院診療計画書で特別な栄養管理の必要性の有無を確認した上で，必要性のある患者に対しては栄養管理計画書を作成し，その写しを診療録に貼付してください。

看護要員配置

> 看護要員の配置に関するルールは，入院基本料の正しい請求のために，十分に理解されなければなりません。

- ☐ 実際に入院患者の看護に当たっている看護要員の数を算出します。看護部長等専ら病院全体の看護管理に従事する者，当該保険医療機関附属の看護師養成所等の専任教員，外来勤務，手術室勤務または中央材料室勤務等で病棟での業務を兼務していない看護要員については，病棟勤務看護要員の数に含めず，その勤務時間は計上しません。

- ☐ 夜勤は 2 人以上で行い，同一の入院基本料を算定する病棟全体での月当たりの平均夜勤時間は 72 時間以下（夜勤専従者および夜勤時間数 16 時間以下の者を除く）でなければなりません。

> 看護要員配置などを偽って届出をすると，虚偽の届出として不正請求となり，保険医療機関の指定取消もあり得ます。

- ☐ 当初は基準を満たしていても，職員の退職等で基準を満たさなくなった場合は，正しく届出し直さなければなりません。

> 基準を満たさなくなったにもかかわらず，届出し直さず，誤った請求を続けていれば，指定取消もあり得ます。入院基本料に係る誤請求は，たとえ指定取消に至らなかったとしても，多額の返還金を求められる場合があります。

療養病棟入院基本料

- ☐ 入院基本料 A～F のいずれかの算定に当たっては，定期的（少なくとも月に 1 回）に患者またはその家族に対して，当該患者の病状や治療内容等の入院療養の状況および各区分への該当状況について文書を交付し，当該書面またはその写しを診療録に貼付してください。

- ☐ 医療上特に必要があり，他の病棟へ移動する場合は，その医療上の必要性について診療報酬明細書の摘要欄に詳細に記載してください。

- ☐ 定期的（少なくとも月に 1 回）に患者の状態の評価および入院療養の計画を見直し，その要点を診療録に記載してください。

- ☐ 入院時と退院時の ADL の程度を診療録に記載してください。

- ☐ 患者の状態に著しい変化があった場合には，患者の状態を評価した上で，治療やケアを見直し，その要点を診療録に記載してください。

> 療養病棟入院基本料を算定する患者において単純撮影を算定していたり，酸素吸入や消炎鎮痛等処置を算定していたりする例を見かけることがありますが，「療養病棟入院基本料を算定する患者に対して行った第3部検査，第5部投薬，第6部注射及び第13部病理診断並びに第4部画像診断及び第9部処置のうち別に厚生労働大臣が定める画像診断及び処置の費用（フィルムの費用を含み，別に厚生労働大臣が定める薬剤及び注射薬の費用を除く）は，当該入院基本料に含まれるものとする」と通則にあるように，この入院基本料に含まれているので，算定できません。
> ただし，患者の急性増悪により，同一の保険医療機関の一般病棟へ転棟または別の保険医療機関の一般病棟へ転院する場合には，その日から起算して3日前までの当該費用については，この限りではありません。

❹ 入院基本料等加算

臨床研修病院入院診療加算

- ☐ 指導医は診療録に指導の内容がわかるように記載し，署名してください。

救急医療管理加算

- ☐ この加算は，入院した日から起算して7日に限り算定します。

- ☐ 当該加算の対象となる患者を適切に選択してください。加算対象の状態ではない患者に対して算定していることがあります。

在宅患者緊急入院診療加算

- ☐ 在宅患者緊急入院診療加算の「2」（連携医療機関である場合）は，当該診療所の保険医が患者またはその家族に対して，事前に緊急時の受入保険医療機関の名称等を文書にて提供し，受入保険医療機関に入院した場合（「1」の場合を除く）に算定します。当該診療所の保険医は，提供した文書の写しを診療録に添付してください。

療養環境加算

- ☐ 医師並びに看護師，准看護師および看護補助者の員数が医療法の定める標準を満たしていない病院では算定できません。

小児療養環境特別加算

- ☐ 対象となる患者は，15歳未満の小児患者であって，保険医が治療上の必要から個室での管理が必要と認めたものです。

- ☐ この加算を算定する場合は，「麻疹等の感染症に罹患しており，他の患者への感染の危険性が高い患者」あるいは「易感染性により感染症罹患の危険性が高い患者」のいずれかに該当する旨およびその病態の概要を診療報酬明細書の摘要欄に記載しなければなりません。

重症皮膚潰瘍管理加算

- ☐ この加算を算定する場合は，当該患者の皮膚潰瘍が Shea の分類のいずれに該当するかについて，診療報酬明細書の摘要欄に記載しなければなりません。

緩和ケア診療加算

- ☐ 緩和ケアチームは，初回の診療に当たり，当該患者の診療を担う保険医，看護師および薬剤師などと共同の上，緩和ケア診療実施計画書を作成し，その内容を患者に説明の上交付するとともに，その写しを診療録に添付してください。

精神科リエゾンチーム加算

- ☐ 算定対象となる患者を適切に選択してください。

- ☐ 精神科リエゾンチームは，初回の診療に当たり，当該患者の診療を担当する保険医，看護師等と共同で診療実施計画書を作成し，その内容を患者等に説明した上で診療録に添付してください。

摂食障害入院医療管理加算

☐ 算定対象となる患者は，摂食障害による著しい体重減少が認められる者であって，BMI（Body Mass Index）が 15 未満であるものです。

栄養サポートチーム加算

☐ 算定対象となる患者を，栄養管理計画を策定している者の中から適切に選択してください。

☐ 栄養サポートチームは，当該患者の診療を担当する保険医，看護師等と共同の上で，栄養治療実施計画書を作成し，その内容を患者等に説明の上交付するとともに，その写しを診療録に添付してください。

退院調整加算

☐ 退院困難な要因を有する患者については，関係職種と連携し，入院後 7 日以内に退院支援計画の作成に着手してください。

☐ 退院支援計画については，文書で患者またはその家族に説明を行い，交付するとともに，その内容を診療録に貼付または記載してください。

救急搬送患者地域連携紹介加算

☐ この加算は，高次の救急医療機関が緊急入院患者を受け入れ，入院後 7 日以内に，あらかじめ連携している保険医療機関に当該患者に関する診療情報を提供し，転院した場合に，高次の救急医療機関において転院時に算定します。

救急搬送患者地域連携受入加算

☐ この加算は，高次の救急医療機関に緊急入院した患者を，当該緊急入院から 7 日以内に受け入れた場合に，受入医療機関において入院時に算定します。

総合評価加算

☐ 総合的な機能評価を行い，その結果について，患者およびその家族に説明し，要点を診療録に記載してください。

病棟薬剤業務実施加算

☐ 入院時に，持参薬の有無，薬剤名，規格，剤形等を確認し，服薬計画を書面で医師等に提案するとともに，その書面の写しを診療録に添付してください。

❺ 回復期リハビリテーション病棟入院料

☐ 医療上特に必要があり，回復期リハビリテーション病棟から他の病棟へ患者が移動する場合は，その医療上の必要性について診療報酬明細書の摘要欄に詳細に記載してください。

☐ 回復期リハビリテーション病棟入院料を算定する場合には，当該回復期リハビリテーション病棟への入院時または転院時および退院時に日常生活機能評価の測定を行い，その結果について診療録に記載してください。

☐ 回復期リハビリテーション病棟入院料1を算定する場合には，当該回復期リハビリテーション病棟への入院時に「基本診療料の施設基準等及びその届出に関する手続きの取扱いについて」の「一般病棟用の重症度，医療・看護必要度に係る評価票」における「モニタリング及び処置等に係る項目（A項目）」について測定を行い，その結果について診療録に記載してください。

STEP 3-2　禁止事項

❶ 無診察治療等の禁止
（療養担当規則第 12 条）

☐ 医師は，自ら診察しないで治療，処方せん・診断書等の交付を行ってはいけません。

> 施設内に「無診察投薬はしない」旨の貼り紙をしている医療機関もあります。このような患者に対する啓蒙も必要でしょう。

❷ 特殊療法・研究的診療等の禁止
（療養担当規則第 18 条，第 19 条，第 20 条）

☐ 評価の確立していない特殊な療法または新しい療法は保険診療として行ってはいけません。

❸ 健康診断の禁止
（療養担当規則第 20 条）

☐ 健康診断は，保険診療として行ってはいけません。

> 「今のところ何も症状はないけれど，うちの家はがん家系で，私もがんを心配しているので検査してほしい」という患者に保険診療で検査をしてはいけません。

❹ 濃厚（過剰）診療の禁止
（療養担当規則第 20 条）

☐ 検査，投薬，注射，手術等は必要性を十分考慮した上で，段階を踏んで必要最小限に行ってください。

❺ 特定の保険薬局への患者誘導の禁止

（療養担当規則第 2 条の 5，第 19 条の 3，第 23 条）

☐ 患者を特定の保険薬局へ誘導してはいけません。

> 患者から「どこの薬局に行ったらいいでしょう」と聞かれたときに，「近くに○○薬局がありますよ」と言うと誘導に当たります。また，自身の保険医療機関から薬局に処方せんを FAX したり，ネット上のホームページに特定の保険薬局の広告を載せたりすることも誘導に当たります。FAX に関しては，事務員にも注意を促しておいたほうがよろしいでしょう。

☐ 特定の保険薬局への指示の対償として，保険薬局から金品その他の財産上の利益を収受してはいけません。

❻ 自己診療の禁止

医師が，自分自身を診察し治療を行うことを「自己診療」といいます。

☐ 健康保険法に基づく現行の医療保険制度は，医師が被保険者，患者（他人）に対して診療を行う場合についての規定であるとされていることから，自己診療を保険診療として行うことについては，現行制度下では認められていません。

☐ 保険診療として請求する場合は，同一の保険医療機関であっても，他の保険医に診察を依頼し，治療を受ける必要があります。

Column 自家診療にご用心

「**自家診療**」とは，医師が自分の家族や自分の医療機関の従業員に対して，診察し治療を行うことを指します。

自家診療を保険診療として行う場合については，加入している保険によって取り扱いが異なるようです（たとえば，医師国保は禁止）。

保険診療として認められていても，診療録を作成し，必ず診察を行い，その内容を診療録に記載し，一部負担金を徴収するようにしてください。

得てして，無診察投薬，診療録記載の省略，一部負担金を徴収しないなどの問題が発生しやすいので注意してください。これらは医師法や療養担当規則，健康保険法の違反となります。

また，自家診療かどうかにかかわらず，一部負担金の取り扱いが不適切な保険医療機関を少なからず見かけます。未徴収であったり，日計表が作成されていなかったり，日計表があっても領収した金額が記載されていなかったり，未収の管理がなされていなかったりと，さまざまです。

一部負担金に関しては，健康保険法第74条，療養担当規則第5条にも記載がありますので，正しく徴収されなければなりません。

STEP 3-3　薬剤

❶ 薬剤の使用

☐ 医薬品医療機器等法（旧薬事法）承認事項（効能・効果，用法・用量，禁忌等）を遵守してください。

☐ 処方せんの使用期間に注意してください。

❷ ビタミン剤の投与

☐ 「単なる栄養補給目的」での投与は算定できません。
　①患者の疾患または症状の原因がビタミンの欠乏または代謝障害であることが明らかであり，かつ必要なビタミンを食事により摂取することが困難である場合
　②患者が妊産婦，乳幼児等（手術後の患者および高カロリー輸液療法実施中の患者を含む）であり，診察および検査の結果から食事からのビタミンの摂取が不十分であると診断された場合
　③重湯等の流動食および軟食のうち，一分粥，三分粥または五分粥を食している場合
　④無菌食，フェニールケトン尿症食，楓糖尿症食，ホモシスチン尿症食またはガラクトース血症食を食している場合
　に算定できます。

☐ ビタミン剤に係る薬剤料を算定する場合は，当該ビタミン剤の投与が必要かつ有効と判断した趣旨を具体的に診療録および診療報酬明細書に記載しなければなりません。

Column 処方せんの使用期間を知らない患者・家族

　処方せんの使用期間は交付の日を含めて **4日以内**ですが，それを知らない患者やその家族が少なからずいるようです。
　総務省は，総務省設置法第4条第21号に基づき，行政業務に関する苦情の申出につき必要なあっせんを行っていますが，「処方せんの使用期間を過ぎて薬局に行き，薬をもらうことができなかった」という苦情が多く寄せられたようです。
　それに対し，総務大臣が開催する行政苦情救済推進会議が検討した結果，2010（平成22）年3月に総務省行政評価局から厚生労働省保険局に「薬の処方せんの使用期間の徒過防止について」というあっせんが行われました。
　その内容は，

- 当局が調べた徒過発生件数は，A医療機関では1日約3,000枚の処方せんの発行に対して2〜3件，a保険薬局では1カ月約3,000枚の処方せんの受付に対して4〜5件程度，b保険薬局では1日約300枚の処方せんの受付に対して1件程度であり，当該事案は全国的に多数発生しているものと推察される
- また某薬剤師会のアンケートによると，使用期間が4日以内と正解を答えた者の割合は6割程度しかなかった
- こうしたことから，処方せんの使用期間が一般の国民に十分に知られていない状況がうかがえ，厚生労働省は改善措置を講ずる必要がある

というものでした。
　これに対し，厚生労働省保険局医療課は同年9月に「処方せんの使用期間について」という事務連絡を出しました。
　その内容は，保険医療機関は処方せんの使用期間が過ぎないように，次のような取り組みを行ってください，というものです。

1. 会計窓口で支払いをする際や処方せんを交付する際に，患者に処方せんの使用期間について声掛けをする。
2. 待合室の掲示板や受付窓口，会計窓口等に，処方せんの使用期間に関する事項を記載したものを掲示または設置する。

3 医療機関のホームページや医療機関が発行する広報誌等に掲載する。
4 処方せんに記載されている使用期間について，患者にわかりやすくするため，文字の大きさや配置に配慮する。

さらに，参考の掲示例も次のように示しています。

平成○年○月
処方せんの使用期間にご留意ください

　保険医療機関（病院や診療所）で交付される処方せんの使用期間は，交付の日を含めて4日以内です。これには，休日や祝日が含まれますので，処方せんの使用期間が過ぎないようにご留意ください。
　なお，長期の旅行等特殊の事情があり，医師や歯科医師が，処方せんに別途使用期間を記載した場合には，その日まで有効となります。

　処方せんの「処方せんの使用期間」欄は，交付の日を含めて4日以内に薬局で薬を受け取る場合は記載する必要はありません。患者の長期の旅行など特殊の事情があり，4日を超える処方せんの使用期間を認める場合に，具体的な年月日を記載するようにしてくだい。この場合においては，当該処方せんは当該年月日の当日まで有効となります。

❸ 薬剤の容器代

☐ 投薬時における薬剤の容器は，原則として保険医療機関から患者へ貸与するものです。患者が希望する場合には，患者にその実費負担を求めて容器を交付できますが，患者がその容器を返還した場合には，その容器本体部分が再使用できるものについて当該実費を返還しなければなりません。

☐ 再使用できない薬剤の容器については，患者に容器代金を負担させることは認められません。

> 薬剤の容器は保険医療機関から患者への貸与であるということをご存知ない保険医療機関は案外多く，患者さんやその家族から「容器代を請求されたが，おかしいのではないか」という問い合わせが時にあります。

❹ 処方せん料

☐ 同一の患者に対して，同一診療日に，一部の薬剤を院内において投薬し，他の薬剤を院外処方せんにより投薬することは，原則として認められません。

☐ 注射器，注射針またはその両者のみを処方せんにより投与することは認められません。

❺ 静脈内注射，点滴注射，中心静脈注射

☐ これらの注射に係る穿刺部位のガーゼ交換等の処置料および材料料は，所定点数に含まれ，別に算定できません。

STEP 3-4　診療録

　診療録の記載が保険診療において，きわめて重要であることは論を俟たません。記載が不十分あるいは不適切であれば，無診察診療や，本当にその診療が必要だったのか，あるいは本当にその診療を行ったのか（架空請求や付増請求などの不正請求）が疑われかねないことになります。

☐ 患者の診療を行った場合には，遅滞なく，診療録に記載しなければなりません（医師法第 24 条，療養担当規則第 22 条）。様式第 1 号（表 1）またはこれに準ずる様式の診療録に，当該診療に関し必要な事項を記載しなければなりません（療養担当規則第 22 条）。

☐ 診療報酬請求の根拠は診療録の記載にあるわけですから，保険診療においては必要かつ十分な診療録記載が必要です。日常の診療の記録は様式第 1 号（1）の 2 の欄に記載します。

☐ 傷病名に関しては，医学的に妥当適切な傷病名を，必ず医師自らが決定してください。必要に応じて，慢性・急性，部位，左・右の区別を記載してください。傷病を記載した場合は，診療開始・終了年月日も記載してください。

☐ 疑い病名は早期に確定病名に変更または中止としたり，急性病名の傷病の転帰を記載したりして，病名を整理してください〔1979（昭和 54）年 1 月 25 日 保発第 4 号 厚生省保険局長通知〕。

☐ 保険診療以外の自費診療に係る診療の記載は，保険診療の診療録に記載してはいけません。別に新たに自費診療用の診療録を作成し，そこに記載してください（療養担当規則第 8 条）。

☐ 診療録は診療完結の日から 5 年間の保存が必須です（医師法第 24 条第 2

表 1 療養担当規則の様式に示された診療録の記載事項

様式第1号	(1) の 1	受診者欄	氏名，生年月日，性別，住所，職業，被保険者との続柄
		被保険者証欄	保険者番号，被保険者証及び被保険者手帳の記号・番号および有効期限，被保険者氏名，資格取得，事業所所在地・名称，保険者所在地・名称
		傷病名欄	傷病名，職務上・外の区分，開始，終了，転帰，期間満了予定日，労務不能に関する意見，入院期間，業務災害または通勤災害の疑いがある場合の記載
		公費負担番号	第1公費および第2公費の公費負担番号，公費負担医療の受給者番号
		備考欄	備考
	(1) の 2	既往症欄	既往症・原因・主要症状・経過等
		処置欄	処方・手術・処置等
	(1) の 3	診療の点数欄	種別，月日，点数，負担金徴収額，食事療養算定額，標準負担額

項，療養担当規則第 9 条）。

☐ 査定を防ぐための虚偽の傷病名，いわゆる「レセプト病名」は認められません。

> 1997（平成 9）年 6 月から診療報酬明細書の開示が可能となっています。これは，被保険者から保険者に対して診療報酬明細書の開示の求めがあった場合，当該診療報酬明細書を開示することによって本人が傷病名などを知ったとしても，本人の診療上支障が生じない限り開示する，としたものです。その際，当該保険医療機関の主治医に支障がないかどうかの判断を求める，としていますが，よほどのことがない限り，開示には同意することになると思います。そんなとき，もしそこにレセプト病名があったら，どうでしょう。いろいろ問題になると思われます。

☐ 診療録の記載に関しては，誰がその記載をしたのか，ということを明確にしなければなりません。責任の所在を明確にしておく必要があります。

☐ 紙カルテでは医師の署名または押印が必要です。また，記載は鉛筆ではなく，ペンなどで行ってください。修正する場合は修正液を用いず，二重線で修正してください。

☐ 電子カルテの場合には，医師ごとのパスワードが必要です。たとえ，非常勤の医師であっても，各自のパスワードを持ってください。

> 最近では，多くの医療機関が電子カルテを導入していますが，1999（平成11）年，当時の厚生省は診療録等の電子媒体による保存に関するガイドラインを出しています。旧いものですが，基本的事項を指摘していますので，以下，紹介します。
> ガイドラインは，基準として以下の3条件を満たさなければならないとしています。
>
> ①真正性：正当な人が記録し確認された情報に関し，第三者から見て作成の責任の所在が明確であり，かつ，故意または過失による虚偽入力，書き換え，消去および混同が防止されていること
> ②見読性：電子媒体に保存された内容を，必要に応じて直ちに肉眼で見読可能な状態（書面に表示）にできること
> ③保存性：記録された情報が，法令等で定められた期間にわたって，真正性を保ち，見読可能な状態で保存されること
>
> さらに留意事項として，
>
> ①施設の管理者は「運用管理規程」を定め，これに従い実施する
> ②医療に関わるすべての行為は医療法等で医療機関等の管理責任者の責任で行うことが求められており，情報の取り扱いも医療機関の自己責任で行う必要がある
>
> としています。
> 現在では「医療情報システムの安全管理に関するガイドライン第4.2版」〔2013（平成25）年10月〕が基準となっているようですので，それに則ってください。

Column: 診療録の様式を知らない医療機関

　私が診療録に関する基本的事項，研修医に説明するような事項を長々と述べる理由は，個別指導時にこれらの事項が守られていない診療録，あるいはこれらの診療録の様式を知らない医療機関を時に目にするからです。

　中には，様式第1号（1）の1や（1）の3の用紙のない医療機関を見かけます。（1）の3の用紙はいわゆる日計表といわれるもので，日々の診療で発生するお金のやりとりを記録する大事なものです。その用紙がなくて何を根拠に，どうやってお金のやりとりをしているのか，と疑問を抱かずにはいられません。

　もちろん，その状態では個別指導はできませんので，いったん中断し，日計表がないのであれば，それに準ずる記録を持参していただくことになります。

STEP 3-5　医学管理等

　医学管理については，指導内容や治療計画等の診療録への記載などの算定要件がありますので，その要件を満たさなければ，算定はできません。

❶ 特定疾患療養管理料 ・・・・・・・・・・・・・・・・・・・・・・・・・・・・・・

　これは，保険医療機関で頻回に請求されている管理料ですが，この管理料の算定要件を十分に理解している医療機関はきわめて少ないようです。

☐ この管理料は厚生労働大臣が定めた次の疾患のみが対象となります。その他の疾患は対象にはなりません。

対象疾患

　結核，悪性新生物，甲状腺障害，処置後甲状腺機能低下症，糖尿病，スフィンゴリピド代謝障害およびその他の脂質蓄積障害，ムコ脂質症，リポ蛋白代謝障害およびその他の脂（質）血症，リポジストロフィー，ローノア・ベンソード腺脂肪腫症，高血圧性疾患，虚血性心疾患，不整脈，心不全，脳血管疾患，一過性脳虚血発作および関連症候群，単純性慢性気管支炎および粘液膿性慢性気管支炎，詳細不明の慢性気管支炎，その他の慢性閉塞性肺疾患，肺気腫，喘息，喘息発作重積状態，気管支拡張症，胃潰瘍，十二指腸潰瘍，胃炎および十二指腸炎，肝疾患（経過が慢性なものに限る），慢性ウイルス肝炎，アルコール性慢性膵炎，その他の慢性膵炎，思春期早発症，性染色体異常

☐ 対象疾患を主病とする患者（診療報酬明細書に主病の表示をする）に対し，治療計画を立て，それに基づいて服薬や運動，栄養等の療養上の管理を行い，その管理の内容の要点を診療録に記載して初めてこの管理料を算定できます。口頭で説明しただけで，診療録に記載がない場合は算定できません。

☐ 再診が電話等で行われた場合には，算定できません。

- ☐ 実際に主病を中心とした療養上必要な管理が行われていない場合，または実態的に主病に対する治療が当該保険医療機関で行われていない場合には，算定できません。

- ☐ 主病とは，当該患者の全身的な医学管理の中心となっている特定疾患をいうものであり，対診または依頼により検査のみを行っている保険医療機関にあっては算定できません。

❷ ウイルス疾患指導料

- ☐ この指導料は，療養上必要な指導および感染予防に関する指導を行った場合に算定しますが，必ず指導内容の要点を診療録に記載してください。記載がなければ，算定できません。

❸ 特定薬剤治療管理料

- ☐ 決められた薬剤の血中濃度を測定し，計画的な治療管理を行った場合に算定するもので，血中濃度を測定しただけでは算定できません。測定した後の治療計画の要点を診療録に記載して初めて算定できます。

❹ 悪性腫瘍特異物質治療管理料

- ☐ 悪性腫瘍と確定診断がされた患者が対象です。悪性腫瘍を疑って腫瘍マーカー検査をした患者では算定できません。

- ☐ 腫瘍マーカー検査を行っただけでは算定できません。検査の結果に基づいて計画的に治療管理を行い，治療計画の要点を診療録に記載して初めて算定可能となります。

> 多くの保険医療機関において，腫瘍マーカー検査を行っただけでこの管理料を算定していますが，それは誤りです。繰り返しになりますが，治療計画の要点を診療録に記載しなければ，この管理料は算定できません。

- [ ] 検査した項目が1項目の場合と2項目以上の場合とで点数は異なります。1項目の場合は360点で，2項目以上の場合は400点です。

> 1項目しか検査していないのに，2項目以上の場合の点数を請求している保険医療機関を時に見かけます。

❺ 小児特定疾患カウンセリング料 ・・・・・・・・・・・・・・・・・・・・・

- [ ] このカウンセリング料は，小児科のみを専任する医師が本カウンセリングを行った場合に限り算定するものです。同一医師が，当該保険医療機関が標榜する他の診療科を併せ担当している場合（アレルギー科は除く）には，算定できません。

- [ ] 当該疾病の原因と考えられる要素，診療計画および指導内容の要点等カウンセリングに係る概要を診療録に記載してください。

- [ ] このカウンセリング料を算定する場合は，第1回目のカウンセリングを行った年月日を診療報酬明細書の摘要欄に記載してください。

- [ ] 電話によるカウンセリングでは，このカウンセリング料の算定はできません。

❻ 小児科療養指導料 ・・・・・・・・・・・・・・・・・・・・・・・・・・・・・・・

- [ ] この指導料は小児科のみを専任する医師が一定の治療計画に基づき療養上の指導を行った場合に限り算定するものです。同一医師が，当該保険医療機関が標榜する他の診療科を併せ担当している場合（アレルギー科は除く）には，算定できません。

- [ ] 指導内容の要点を診療録に記載してください。

- [ ] 再診が電話等により行われた場合には，この指導料は算定できません。

❼ てんかん指導料

☐ この指導料は，小児科，神経科，神経内科，精神科，脳神経外科または心療内科を標榜する保険医療機関において，当該標榜診療科の専任の医師が入院中以外のてんかんの患者またはその家族に対し，治療計画に基づき療養上必要な指導を行った場合に，月1回に限り算定します。

☐ 診療計画および診療内容の要点を診療録に記載してください。

☐ 電話による指導では，この指導料は算定できません。

❽ 難病外来指導管理料

☐ この管理料は，別に厚生労働大臣が定める疾病を主病とする患者に対して，治療計画に基づいて療養上の指導を行った場合に，月1回に限り算定します。

☐ 対象患者であっても，実際に主病を中心とした療養上必要な指導が行われていない場合または実態的に主病に対する治療が行われていない場合には算定できません。

☐ 診療計画および診療内容の要点を診療録に記載してください。

☐ 電話による指導では，この指導料は算定できません。

❾ 皮膚科特定疾患指導管理料

☐ この管理料は，皮膚科または皮膚泌尿器科を標榜する保険医療機関において，皮膚科または皮膚泌尿器科を担当する医師が，別に厚生労働大臣が定める疾患を治療した場合に算定できます。皮膚科を標榜する保険医療機関とは，皮膚科，皮膚泌尿器科または皮膚科および泌尿器科，形成外科もしくはアレルギー科を標榜するものをいいます。

- ☐ 他の診療科を併せ標榜するものにあっては，皮膚科または皮膚泌尿器科を専任する医師が指導管理を行った場合に限り算定できます。同一医師が，当該保険医療機関が標榜する他の診療料を併せ担当している場合には算定できません。

- ☐ 診療計画および診療内容の要点を診療録に記載してください。

- ☐ 電話による指導管理では，この指導管理料は算定できません。

❿ 外来栄養食事指導料

- ☐ この指導料は，別に厚生労働大臣が定める特別食を必要とする入院中の患者以外の患者に対して，医師の指示に基づき，管理栄養士がおおむね15分以上具体的な献立（熱量，熱量構成，蛋白質量，脂質量）によって指導した場合に算定できます。

- ☐ 初回の指導を行った月は月2回，その他の月は月1回に限り算定できます。

- ☐ 医師は，診療録に管理栄養士への指示事項を記載しなければなりません。管理栄養士は，患者ごとに栄養指導記録を作成するとともに，指導内容の要点および指導時間を記載しなければなりません。

⓫ 入院栄養食事指導料

- ☐ この指導料は，別に厚生労働大臣が定める特別食を必要とする入院中の患者に対して，医師の指示に基づき，管理栄養士がおおむね15分以上具体的な献立によって指導した場合に，入院中2回を限度として算定できます。ただし，1週間に1回の算定が限度です。

Column 入院時食事療養・入院時生活療養の特別食加算

特別食加算は，入院時食事療養（Ⅰ）または入院時生活療養（Ⅰ）の届出を行った保険医療機関において**特別食**が提供された場合に，1食単位で1日3食を限度として算定するものです。特別食加算を算定する場合は，特別食の献立表が作成されている必要があります。

加算の対象となる特別食は，「疾病治療の直接手段として，医師の発行する食事せんに基づいて提供される患者の年齢，病状等に対応した栄養量及び内容を有する治療食，無菌食及び特別な場合の検査食」をいうものであり，治療乳を除く乳児の人工栄養のための調乳，離乳食，幼児食等並びに治療食のうちで単なる流動食および軟食は除かれます。

治療食とは，腎臓食，肝臓食，糖尿食，胃潰瘍食，貧血食，膵臓食，脂質異常症食，痛風食，フェニールケトン尿症食，楓糖尿症食，ホモシスチン尿症食，ガラクトース血症食および治療乳をいいますが，胃潰瘍食については流動食を除くものです。**治療乳**とは，いわゆる乳児栄養障害（離乳を終わらない者の栄養障害）に対する直接調製する治療乳をいい，治療乳既製品（プレミルク等）を用いる場合および添加含水炭素の選定使用等は含みません。

心臓疾患，妊娠高血圧症候群等に対して減塩食療法を行う場合は，腎臓食に準じて取り扱うことができますが，高血圧症に対して減塩食療法を行う場合は，このような取り扱いは認められません。

腎臓食に準じて取り扱うことができる心臓疾患等の減塩食は，食塩相当量が総量（1日量）6g未満の減塩食をいいます。ただし，妊娠高血圧症候群の減塩食の場合は，日本高血圧学会，日本妊娠高血圧学会等の基準に準じている必要があります。

肝臓食とは，肝庇護食，肝炎食，肝硬変食，閉鎖性黄疸食（胆石症および胆嚢炎による閉鎖性黄疸の場合も含む）等をいいます。

十二指腸潰瘍の場合は胃潰瘍食として取り扱います。手術前後の高カロリー食は加算の対象ではありませんが，侵襲の大きな消化管手術の術後の胃潰瘍食に準ずる食事は，特別食の加算が認められます。クローン病，潰

瘍性大腸炎等により腸管の機能が低下している患者に対する低残渣食は特別食として取り扱っても差し支えありません。

高度肥満症（肥満度が+70％以上またはBMIが35以上）に対して食事療法を行う場合は，脂質異常症食に準じて取り扱うことができます。

特別な場合の検査食とは，潜血食です。大腸X線検査・大腸内視鏡検査のために特に残渣の少ない調理済食品を使用した場合は，「特別な場合の検査食」として取り扱っても差し支えありません。ただし，外来患者に提供した場合は，保険給付の対象外です。

特別食として提供される脂質異常症食の対象となる患者は，空腹時定常状態におけるLDL-コレステロール値が140 mg/dL以上である者またはHDL-コレステロール値が40 mg/dL未満である者もしくは中性脂肪値が150 mg/dL以上である者です。

特別食として提供される貧血食の対象となる患者は，血中ヘモグロビン濃度が10 g/dL以下であり，その原因が鉄分の欠乏に由来する患者です。

特別食として提供される**無菌食**の対象となる患者は，無菌治療室管理加算を算定している患者です。

経管栄養であっても，特別食加算の対象となる食事として提供される場合は，当該特別食に準じて算定することができます。

12 集団栄養食事指導料

☐ この指導料は，別に厚生労働大臣が定める特別食を医師が必要と認めた患者に対し，管理栄養士が医師の指示に基づき複数の患者を対象に指導を行った場合，患者1人につき月1回に限り算定できます。ただし，入院中の患者については，2カ月以上入院しても，2回の算定が限度です。

☐ 1回の指導での患者の人数は15人以下が標準で，40分以上の指導時間が必要です。

☐ 医師は，管理栄養士への指示事項を診療録に記載してください。また，管

理栄養士は，患者ごとに栄養指導記録を作成するとともに，指導内容の要点および指導時間を記載しなければなりません。

⓭ 在宅療養指導料

- ☐ 医師の指示に基づいて，保健師または看護師が個別に30分以上療養上の指導を行った場合に算定できます。同時に複数の患者に対して行った場合や指導の時間が30分未満の場合には算定できません。

- ☐ 医師は，保健師または看護師への指示事項を診療録に記載してください。保健師または看護師は，患者ごとに療養指導記録を作成し，当該療養指導記録に指導の要点，指導実施時間を明記してください。

⓮ 高度難聴指導管理料

- ☐ 人工内耳植込術を行った患者，伝音性難聴で両耳の聴力レベルが60 dB以上の患者，混合性難聴または感音性難聴の患者について，耳鼻咽喉科の常勤医師が耳鼻咽喉科学的検査の結果に基づき療養上必要な指導を行った場合に算定します。

- ☐ 指導内容の要点を診療録に記載してください。

⓯ 慢性疼痛疾患管理料

- ☐ 消炎鎮痛等処置はこの管理料に含まれ算定はできませんが，これらの処置に係る薬剤料は，別途算定できます。

- ☐ 患者ごとにこの管理料の算定を行うかどうかを判断することができます。

⑯ 糖尿病合併症管理料

- ☐ この管理料は，足潰瘍，足趾・下肢切断既往，閉塞性動脈硬化症，糖尿病神経障害のいずれかの糖尿病足病変ハイリスク要因を有する通院患者が対象で，医師がこれらの病変に関する指導の必要性があると認めた場合に，月1回に限り算定できます。

- ☐ 専任の常勤医師または当該医師の指示を受けた専任の常勤看護師が，30分以上の指導を行う必要があります。

- ☐ 専任の常勤医師または当該医師の指示を受けた専任の常勤看護師は，糖尿病足病変ハイリスク要因を評価し，その結果に基づいて，指導計画を作成してください。

- ☐ 看護師に対して指示を行った医師は，看護師への指示事項を診療録に記載してください。この管理を実施する医師または看護師は，糖尿病足病変ハイリスク要因に関する評価結果，指導計画および実施した指導内容を診療録または療養指導記録に記載してください。

⑰ 耳鼻咽喉科特定疾患指導管理料

- ☐ この管理料は，耳鼻咽喉科を専任する医師が当該指導管理を行った場合に限り算定するものです。同一医師が，当該保険医療機関が標榜する他の診療科を併せて担当している場合は，算定できません。

- ☐ 診療計画および指導内容の要点を診療録に記載してください。

- ☐ 電話による指導管理では，この管理料は算定できません。

⑱ がん性疼痛緩和指導管理料

- ☐ この管理料を算定する場合は，麻薬の処方前の疼痛の程度（疼痛の強さ，

部位，性状，頻度等），麻薬の処方後の効果判定，副作用の有無，治療計画および指導内容の要点を診療録に記載する必要があります。

⑲ がん患者指導管理料 ････････････････････････････････

☐ この指導管理料は，患者の同意を得て，がん診療の経験を有する医師ががん患者の看護に従事した経験を有する専任の看護師と共同して，診断結果および治療方針等について患者が十分に理解し，納得した上で治療方針を選択できるように説明・相談を行った場合に，患者1人につき1回算定できます。

☐ 当該悪性腫瘍の診断が確定した後，新たに診断された悪性腫瘍（転移性および再発性腫瘍を除く）に対して行った場合は別に算定できます。

☐ 患者の十分な理解が得られない場合または患者の意思が確認できない場合，また患者を除く家族等にのみ説明を行った場合は算定できません。

☐ 指導内容等の要点を診療録または看護記録に記載してください。

⑳ 外来緩和ケア管理料 ･･････････････････････････････

☐ この管理料は，がん性疼痛の症状緩和を目的として麻薬が投与されている入院中の患者以外の患者に対し，患者の同意に基づいて，外来で緩和ケアチームにより診療が行われた場合に算定できます。

☐ 緩和ケアチームは，初回の診療に当たり，当該患者の診療を担う医師，看護師および薬剤師などと共同の上，緩和ケア診療実施計画書を作成し，その内容を患者に説明の上交付するとともに，その写しを診療録に添付してください。

☐ がん性疼痛緩和指導管理料は別に算定できません。

21 乳幼児育児栄養指導料

- [ ] この指導料は，3歳未満の乳幼児の初診時に，育児，栄養その他療養上必要な指導を行った場合に算定します。その場合，指導の要点を診療録に記載してください。

- [ ] 初診後，即入院となった場合には算定できません。

22 外来リハビリテーション診療料

- [ ] 外来リハビリテーション診療料1の対象患者は，状態が比較的安定している患者であって，リハビリテーション実施計画書において心大血管疾患リハビリテーション料，脳血管疾患等リハビリテーション料，運動器リハビリテーション料または呼吸器リハビリテーション料に掲げるリハビリテーション（疾患別リハビリテーション）を週に2日以上提供している患者です。

- [ ] 診療料1は7日間に1回に限り算定し，算定した日から起算して7日間は，初診料や再診料，外来診療料は算定せず，疾患別リハビリテーションの費用を算定します。

- [ ] 外来リハビリテーション診療料2の対象患者は，状態が比較的安定している患者であって，リハビリテーション実施計画書において疾患別リハビリテーションを2週間に2日以上提供している患者です。

- [ ] 診療料2は14日間に1回に限り算定し，算定した日から起算して14日間は，初診料や再診料，外来診療料は算定せず，疾患別リハビリテーションの費用を算定します。

- [ ] 外来リハビリテーション診療料1および2を算定している場合は，疾患別リハビリテーションを提供する日において，リハビリテーションスタッフ（疾患別リハビリテーションの実施に係る理学療法士，作業療法士お

よび言語聴覚士等）がリハビリテーション提供前に患者の状態を十分に観察し，療養指導記録に記載してください。

☐ 医師は疾患別リハビリテーション料の算定ごとにリハビリテーションスタッフとカンファレンスを行い，当該患者のリハビリテーションの効果や進捗状況等を確認し，診療録に記載してください。

㉓ 外来放射線照射診療料

☐ この診療料を算定した日から起算して7日間は放射線照射の実施に係る初診料，再診料，外来診療料の算定はできませんが，放射線照射の費用は算定できます。

☐ この診療料を算定した場合，第2日目以降の看護師，診療放射線技師等による患者の観察については，照射ごとに記録し，医師に報告してください。

☐ 放射線照射を行う前に，放射線治療により期待される治療効果や成績などとともに，合併症，副作用等についても必ず患者またはその家族に説明し，文書等による同意を得てください。

㉔ 生活習慣病管理料

☐ この管理料は，脂質異常症，高血圧症または糖尿病を主病とする患者に対し，服薬，運動，休養，栄養，喫煙および飲酒等の生活習慣に関する総合的な治療管理を行う旨，療養計画書により説明を行い，患者の同意を得るとともに，当該計画書に患者の署名を受けた場合に算定できます。

☐ この管理料を算定する場合には，少なくとも1月に1回以上の総合的な治療管理が行われなければなりません。

☐ 当該療養計画書の内容に変更がなくても，4月に1回以上は計画書を交

付し，その写しを診療録に貼付しなければなりません。

㉕ ニコチン依存症管理料

- ☐ 入院中の患者以外の患者に対し，初回の管理料を算定した日から起算して12週間にわたり計5回の禁煙治療を行った場合に算定します。

- ☐ 対象患者は，
  ①スクリーニングテスト（TDS）でニコチン依存症と診断されたもの
  ②1日の喫煙本数に喫煙年数を乗じた数が200以上のもの
  ③この治療を受けることを文書により同意したもの
  の3つの要件をすべて満たすものです。

- ☐ 治療管理の要点を診療録に記載してください。

㉖ 肺血栓塞栓予防管理料

- ☐ 肺血栓塞栓症を起こす可能性の高い患者に対して，その予防を目的として，弾性ストッキングまたは間歇的空気圧迫装置を用いて計画的な医学管理を行った場合に算定できます。薬剤のみで予防管理を行った場合には算定できません。

㉗ 介護支援連携指導料

- ☐ 患者の同意を得て，医師または医師の指示を受けた看護師，社会福祉士等が介護支援専門員と共同して，患者の心身の状態等を踏まえて導入が望ましい介護サービスや退院後に利用可能な介護サービス等について説明および指導を行った場合に，入院中に2回に限り算定できます。

- ☐ 行った指導の内容等について，要点を診療録に記載するとともに，患者またはその家族に提供した文書の写しを診療録に添付してください。

- [ ] 指導の内容を踏まえ作成されたケアプランについては，患者の同意を得た上で，介護支援専門員に情報提供を求めることとし，ケアプランの写しを診療録に添付してください。

㉘ 肝炎インターフェロン治療計画料

- [ ] 患者の同意を得た上で，治療計画を作成し，副作用等を含めて患者に説明し，文書により提供するとともに，地域で連携してインターフェロン治療を行う保険医療機関に当該患者に係る治療計画および診療情報を文書により提供した場合に，1人につき1回算定できます。その場合，患者に交付した治療計画書の写しを診療録に貼付してください。

㉙ 退院時リハビリテーション指導料

- [ ] 入院中の患者の主治医またはリハビリテーションを担当した医師が，患者の退院時に，退院後の療養上必要と考えられる指導を行った場合に算定できます。

- [ ] 医師の指示を受けて，理学療法士，作業療法士または言語聴覚士が保健師，看護師，社会福祉士，精神保健福祉士とともに指導を行った場合にも算定は可能ですが，この場合，必ず医師から指示があった旨を診療録に記載してください。

- [ ] 医師は，指導（または指示）内容の要点を診療録に記載してください。

㉚ 薬剤管理指導料

- [ ] 薬剤師が，医師の同意を得て，薬剤管理指導記録に基づいて，直接服薬指導，服薬支援その他の薬学的管理指導を行った場合に，週1回に限り，月4回を限度として（算定間隔は6日以上）算定できます。

☐ 麻薬の投薬または注射が行われている患者に対して，必要な薬学的管理指導を行った場合には，麻薬管理指導加算を算定できます。ただしその場合，薬剤管理指導記録に以下の事項を記載しなければなりません。
　ア　麻薬に係る薬学的管理指導の内容（麻薬の服薬状況，疼痛緩和の状況等）
　イ　麻薬に係る患者への指導および患者からの相談事項
　ウ　その他麻薬に係る事項

☐ 薬剤管理指導および麻薬管理指導を行った場合は，必要に応じ，その要点を文書で医師に提供してください。

㉛ 診療情報提供料

診療情報提供料（Ⅰ）

☐ 保険医療機関が，診療に基づき他の医療機関での診療の必要性を認め，患者に説明し，その同意を得て，当該医療機関に対して，診療状況を示す文書を添えて患者の紹介を行った場合に算定できます。

> 小規模の医療機関で時に見られることですが，手術しようと考えている患者に糖尿病や高血圧などの基礎疾患がある場合，その患者のかかりつけの内科などに「手術しても大丈夫でしょうか」という文書を郵送して，診療情報提供料（Ⅰ）を算定しているケースがあります。それでは診療情報提供料（Ⅰ）は算定できません。患者がその文書を持ってそのかかりつけ医を受診し，診療を受けて初めて算定できます。
> 　文書を郵送するのは，かかりつけの内科に電話をかける行為と同様で，単なる問い合わせにすぎません。問い合わせでは診療情報提供料（Ⅰ）は算定できません。

☐ 当該情報を提供する保険医療機関と特別の関係にある機関に情報提供が行われた場合や，市町村等が開設主体である保険医療機関が当該市町村等に対して情報提供を行った場合は算定できません。

☐ ある医療機関に検査または画像診断の設備がないため，他の医療機関に対して，診療状況を示す文書を添えてその実施を依頼した場合には，診療情報提供料（Ⅰ）は算定できます。

> 診療状況を示さない文書，たとえば，「腰椎ヘルニアの疑い，腰椎 MRI お願いします」という文書では算定はできません。これは診療情報提供書ではなく，単なる検査申込書です。必ず，いつ頃から症状があって，神経学的所見は云々など，診療状況を示すようにしてください。

☐ 他医療機関から紹介を受けた場合の単なる返事では算定できません。

☐ 入院中の患者の経過報告でも算定できません。

☐ 紹介先の医療機関を特定せずに，診療状況を示す文書を患者に交付しただけの場合も算定できません。必ず，特定してください。

☐ 退院時診療情報等添付加算は，退院患者の紹介に当たって，患者の同意を得て，心電図，脳波，画像診断の所見等診療上必要な検査結果，画像情報等および退院後の治療計画等を添付した場合に算定します。その場合，添付した写しまたはその内容を診療録に貼付または記載してください。

診療情報提供料（Ⅱ）

☐ これは，セカンドオピニオン取得を推進するための点数で，診療情報提供料（Ⅰ）とは明らかに異なります。算定する場合は，必ず患者またはその家族からの希望があった旨を診療録に記載してください。

> 個別指導をすると，いまだに診療情報提供料の（Ⅰ）と（Ⅱ）の区別がわからず，点数の高いほうで請求したり，（Ⅱ）は大学病院や臨床研修指定病院等の大きな病院，あるいは 200 床以上の病院に紹介した場合に算定できると考えていた医療機関があったりして驚くことがあります。
> 　個人的にはこの「診療情報提供料（Ⅱ）」という名称が紛らわしいと思っています。少々長くなりますが，「セカンドオピニオン紹介料」とでも名称を変更して，わかりやすくすべきではないか，という意見を 2013 年度に本省に提出しましたが，2014 年 4 月の診療報酬改定では変更されませんでした。

㉜ 薬剤情報提供料

☐ 入院中の患者以外の患者に対して，処方した薬剤の名称，その他の情報を

文書（薬袋等に記載されている場合も含む）により提供した場合に，月1回に限り算定しますが，処方の内容に変更があった場合は，その都度算定します。その場合，薬剤情報を提供した旨を診療録に記載してください。

㉝ 療養費同意書交付料 ･･････････････････････････････

☐ 原則として当該疾病に係る主治医が，診察に基づき，療養の給付を行うことが困難であると認めた患者に対し，あん摩・マッサージ・指圧，はり，きゅうの施術に係る同意書等を交付した場合に算定します。

㉞ 退院時薬剤情報管理指導料 ････････････････････････

☐ 患者の入院時に，薬剤服用歴や患者が持参した医薬品等を確認するとともに，入院中に使用した主な薬剤の名称等について，患者の薬剤服用歴が経時的に管理できる手帳に記載した上で，患者の退院時に当該患者またはその家族に対して，退院後の薬剤の服用等に関する必要な指導を行った場合に，退院の日1回に限り算定します。

☐ 指導の要点を手帳に記載し，必要に応じて退院時の処方に係る薬剤の情報を文書で提供してください。

☐ 入院時に，医薬品の服用状況および薬剤服用歴を手帳等により確認し，患者が医薬品等を持参している場合には，その名称等および確認した結果の要点を診療録に記載してください。

☐ この管理指導料を算定した場合は，薬剤情報を提供した旨および提供した情報並びに指導した内容の要点を診療録に記載してください。

Column　指導・管理料は特に診療録記載が重要

　ほとんどの指導・管理料は算定要件として，指導・管理内容や治療計画等の**診療録記載**を義務づけていますので，十分留意してください。最近では，病名を入れたら，自動的に○○管理料を算定するようにプログラムされている電子カルテが多いようですが，それはよろしくありません。

　患者さんや患者さんの家族から，「帰って明細書を見たら『○○管理料』と書いてあったが，これはどういうものなのか」という問い合わせが厚生局によく来ます。そこで，たとえば特定疾患療養管理料の場合，「対象疾患に関して服薬や運動，栄養等の説明や指導をした場合に算定されるものなのですよ」と回答すると，「そんな話は聞いていない。あそこは金儲け主義だ。金に汚い」といった反応が返ってきたりします。「なんとかならないのか」という苦情を言われますが，厚生局としては「当事者同士で話し合ってください」としか言いようがありません。

　指導した内容を診療録に記載していれば，患者側からの反論に対しても，診療録を示しながら，「このようにお話ししていますよ」と説得できますが，記載がなければ，「指導はなかった」と言われても仕方ありません。

STEP 3-6　在宅医療

　在宅医療は，単に在宅で診療すればいいだろうというものではありません。前項の医学管理等と同様に，指導内容や治療計画等の診療録への記載や必要書類の作成などの算定要件を満たすことが必須となります。

❶ 在宅療養支援診療所

- ☐ 在宅療養支援診療所には，患者の在宅療養の提供に主たる責任があり，患者からの連絡を一元的に当該診療所で受けるとともに，患者の診療情報を集約するなどの機能を果たす必要があります。

- ☐ 在宅療養支援診療所が他の保険医療機関または訪問看護ステーションと連携する場合には，連携保険医療機関等の保険医または看護師等との診療情報の共有に際し，当該患者の診療情報の提供を行った場合，これに係る費用は各所定点数に含まれ，別に算定できません。つまり，診療情報提供料（I）は算定できない，ということです。

- ☐ 在宅療養支援診療所の保険医に対し，連携保険医療機関等から当該患者の診療情報の提供を行った場合の費用は，各所定点数に含まれ，別に算定できません。

❷ 往診料

- ☐ 往診料は，患家の求めに応じて患家に赴き診療を行った場合に算定できるものであり，定期的あるいは計画的に患家または他の保険医療機関に赴いて診療を行った場合は算定できません。

> このあたりの理解が不十分なため，初回往診で往診料を算定した後，患家で診療するたびに往診料を算定している医療機関を時に見かけます。定期的な診療が必要であれば，患者の同意を得て，在宅患者訪問診療料を算定することになります。

☐ 同一患家内で2人以上の患者を診療した場合，2人目以降の患者については往診料を算定せず，初診料または再診料もしくは外来診療料および特掲診療料のみを算定します。

☐ 緊急往診加算は，標榜時間内に，入院中の患者以外の患者に対して診療に従事しているときに，患者または現にその看護に当たっている者から緊急に求められて往診を行った場合に算定できるものです。あくまで，標榜時間内に往診した場合です。

❸ 在宅患者訪問診療料 ••••••••••••••••••••••••••••••

☐ この診療料は，在宅での療養を行っている患者であって通院困難な者が対象です。継続的な診療の必要のない者や通院が可能な者に対して安易に算定してはいけません。患者の同意を得て，計画的な医学管理の下に定期的に訪問して診療を行った場合に，訪問診療の計画および診療内容の要点を診療録に記載して初めて算定できます。

> 患者の同意に関しては，文書が必要とはされていませんが，診療録に同意を得た旨を記載しておいたほうがよいでしょう。なお，在宅での療養を行っている患者とは，保険医療機関，介護老人保健施設で療養を行っている患者以外の患者をいいます。ただし，医師の配置が義務づけられている施設に入所している患者については算定の対象ではありません。

☐ 同一患家内で2人以上の患者を診療した場合，1人目は「同一建物居住者以外の場合」を算定し，2人目以降の患者については，初診料または再診料もしくは外来診療料および特掲診療料のみを算定します。

☐ この診療料は患者1人につき週3回の算定を限度としますが，別に厚生労働大臣が定める疾病等（末期の悪性腫瘍など）の患者についてはこの

限りではありません。

☐ 訪問診療の計画および診療内容の要点を必ず診療録に記載してください。

☐ 在宅ターミナルケア加算は，死亡日および死亡日前 14 日以内の計 15 日間に 2 回以上往診または訪問診療を行った患者が，在宅で死亡した場合（往診または訪問診療後 24 時間以内の在宅外の死亡も含む）に算定します。この場合，診療内容の要点等を診療録に記載してください。

☐ 看取り加算は，事前に患者またはその家族の同意を得た上で，死亡日に往診または訪問診療を行い，当該患者を患家で看取った場合に算定します。その場合，診療内容の要点等を診療録に記載してください。

❹ 在宅時医学総合管理料および特定施設入居時等医学総合管理料

☐ これらの管理料は通院困難な患者が対象であることは言うまでもありません。患者の同意を得て，計画的な医学管理の下に月 2 回以上の定期的な訪問診療を行った場合に月 1 回算定できます。

> 患者の同意に関しては，文書が必要とはされていませんが，診療録に同意を得た旨を記載しておいたほうがよいでしょう。

☐ 在宅での療養を行っている患者で通院困難な者に対して，個別の患者ごとに総合的な在宅療養計画を作成し，その内容を患者，家族およびその看護に当たる者等に対して説明し，在宅療養計画および説明の要点等を診療録に記載してください。必ず，在宅療養計画を作成する必要があり，この計画を作成しなければこれらの管理料は算定できません。

> 在宅療養計画については，その雛型が示されていませんので，各医療機関が独自に作成したものでかまいません。診療録とは別に在宅療養計画書を作成してもよいし，診療録の中に在宅療養計画として枠で囲んで記載しても問題ありません。ただし，在宅療養計画書を作成した場合，必ずその説明の要点を診療録に記載してください。

- [ ] 在宅がん医療総合診療料を算定した日の属する月は，これらの管理料は算定できません。

- [ ] 在宅移行早期加算は，退院後在宅において療養を始めた患者で訪問診療を行うものに対し，在宅時医学総合管理料または特定施設入居時等医学総合管理料の算定開始月から3月を限度として，月1回に限り算定します。

- [ ] 在宅移行早期加算は退院後1年を経過した患者に対しては算定できませんが，再度入院し，その後退院した場合は，新たに3月を限度として，月1回に限り算定できます。

❺ 在宅患者訪問看護・指導料および同一建物居住者訪問看護・指導料

- [ ] 在宅での療養を行っている通院困難な患者の病状に基づいて，必ず訪問看護・指導計画を作成してください。

- [ ] 医師は，保健師，助産師，看護師または准看護師に対して行った指示内容の要点を診療録に必ず記載してください。

- [ ] 緊急訪問看護加算は，定期的に行う訪問看護・指導以外で，緊急の患家の求めに応じて，保険医の指示により，当該保険医療機関または連携する保険医療機関の看護師等が訪問看護・指導した場合に1日につき1回に限り算定しますが，その際，当該保険医はその指示内容を診療録に記載してください。

- [ ] 在宅患者緊急時等カンファレンス加算または同一建物居住者緊急時等カンファレンス加算を算定する場合には，カンファレンスに参加した医療関係職種等の氏名，カンファレンスの要点，患者に行った指導の要点およびカンファレンスを行った日を看護記録に記載してください。

⑥ 在宅患者訪問点滴注射管理指導料

☐ 在宅患者訪問点滴注射指示書に有効期間（7日以内）および指示内容を記載して指示し，1週間のうち3日以上看護師等が患家を訪問して点滴注射を実施した場合に3日目に算定します。算定要件となる点滴注射は，看護師等が実施した場合です。医師が行った場合はこの管理料は算定できず，注射の部での手技料と薬剤料を算定することになります。

☐ 3日以上の点滴注射を実施する予定であったが，種々の事情により結果的に2日間の実施となった場合は，この管理料は算定できませんが，使用した分の薬剤料は算定できます。この場合は診療報酬明細書にその旨を記載してください。

⑦ 在宅患者訪問リハビリテーション指導管理料

☐ 医師は，理学療法士，作業療法士または言語聴覚士に対して行った指示内容の要点を診療録に記載してください。

☐ 理学療法士，作業療法士または言語聴覚士は，医師の指示に基づいて行った指導の内容の要点および指導に要した時間を必ず記録しておいてください。

☐ 介護老人保健施設で通所リハビリテーションを受けている月は，この指導管理料は算定できません。

⑧ 訪問看護指示料

☐ 患者の同意を得て，訪問看護指示書に有効期間（6月以内）を記載し，当該患者が選定する訪問看護ステーションに対して交付した場合に，月1回算定できます。

- ☐ 特別訪問看護指示加算は，急性増悪等の理由により，患者の主治医が，週4回以上の頻回の指定訪問看護を一時的に当該患者に対して行う必要性を認めた場合，当該患者の同意を得て，特別訪問看護指示書（訪問看護指示書とは別の指示書）を当該患者が選定する訪問看護ステーションに対して交付した場合に，月1回算定できます。
- ☐ 主治医は交付した訪問看護指示書等の写しを診療録に添付してください。

⑨ 在宅患者訪問薬剤管理指導料

- ☐ 在宅療養患者に対し，保険医療機関の薬剤師が，当該保険医療機関の医師および当該患者の同意を得て，患家を訪問して薬剤管理指導記録に基づいて直接患者またはその家族等に服薬指導，服薬支援その他の薬学的管理指導を行った場合に算定できます。
- ☐ 月2回以上算定する場合は，算定の間隔は6日以上とし，診療報酬明細書の摘要欄に当該算定日を記載する必要があります。
- ☐ 麻薬管理指導加算を算定する場合は，薬剤管理指導記録に少なくとも次の事項を記載しなければなりません。
  - ア 麻薬に係る薬学的管理指導の内容（麻薬の保管管理状況，服薬状況，残薬の状況，疼痛緩和の状況，副作用の有無の確認等）
  - イ 麻薬に係る患者・家族への指導・相談事項（麻薬に係る服薬指導，残薬の適切な取扱方法も含めた保管管理の指導等）
  - ウ 患者または家族から返納された麻薬の廃棄に関する事項
  - エ その他麻薬に係る事項

⑩ 在宅患者緊急時等カンファレンス料

- ☐ 在宅で療養している患者の病状が急変した場合や診療方針の大幅な変更等の必要が生じた場合に，患家を訪問し，関係する医療関係職種等が共

同でカンファレンスを行い，それぞれの職種が患者に対して療養上必要な指導を行った場合に，月2回に限り算定します。その場合，カンファレンスの実施日および当該指導日を診療報酬明細書に記載してください。

☐ 保険医は，当該カンファレンスに参加した医療関係職種等の氏名，カンファレンスの要点，患者に行った指導の要点およびカンファレンスを行った日を診療録に記載してください。

⑪ 在宅療養指導管理料

☐ 在宅療養指導管理料には，退院前在宅療養指導管理料や在宅自己注射指導管理料をはじめ多くの指導管理料があります。この管理料を算定する場合，当該指導管理に要するアルコール等の消毒薬，衛生材料（脱脂綿，ガーゼ，絆創膏等），酸素，注射器，注射針，翼状針，カテーテル，膀胱洗浄用注射器，クレンメ等は当該保険医療機関が提供します。当該医療材料の費用は，別に診療報酬上の加算等として評価されている場合を除き所定点数に含まれ，別に算定できません。

在宅酸素療法指導管理料

☐ この指導管理料の算定に当たっては，月1回程度動脈血酸素分圧を測定し，その結果について診療報酬明細書に記載してください。

在宅人工呼吸指導管理料

☐ 指導管理の内容について，診療録に記載してください。

☐ 睡眠時無呼吸症候群の患者は対象ではありません。

在宅持続陽圧呼吸療法指導管理料

☐ 睡眠時無呼吸症候群の患者が対象です。

☐ 治療開始後1～2カ月間の治療状況を評価してください。当該療法の継続

STEP 3-7　検査

が可能であると認められる症例についてのみ，引き続き算定の対象となります。

- ☐ 検査は，診療上必要性があると認められる場合に行われるべきであり，健康診断を目的とした検査や，結果が診断や治療に反映されない検査は，保険診療では認められません。

- ☐ 検査を行う場合には，その検査を行う理由，根拠を必ず診療録に記載してください。さらに，検査の結果も記載してください。そうでなければ，その検査が本当に必要だったのか，本当にその検査は行われたのかなどの疑いを招きます。

❶ 外来迅速検体検査加算

- ☐ 当日，当該保険医療機関で行われた検体検査について，当日中に結果を説明した上で，文書により情報を提供し，その結果に基づく診療が行われた場合に5項目を限度に算定できるもので，文書の様式は任意です。

❷ ヘリコバクター・ピロリ感染症の検査

- ☐ 胃潰瘍，十二指腸潰瘍，胃炎患者のヘリコバクター・ピロリ感染症の検査については，内視鏡または造影剤検査でこれらの診断が確定されている必要があります。

❸ 大腸菌血清型別検査

- ☐ この検査は，細菌培養同定検査により大腸菌が確認された後，血清抗体法により大腸菌のO抗原またはH抗原の同定を行った場合に，使用した血清の数，菌種等にかかわらず算定します。この場合，細菌培養同定検査の費用は別に算定できません。

❹ 細菌薬剤感受性検査

- ☐ 細菌培養同定検査で，結果として菌が検出できず実施できなかった場合には算定できません。
- ☐ 何菌種の検査を行ったかによって算定する点数が異なりますので気をつけてください。1菌種170点，2菌種220点，3菌種以上280点です。

❺ コンタクトレンズ検査料

- ☐ 夜間・早朝等加算は算定できません。

❻ 小児食物アレルギー負荷検査

- ☐ この検査の危険性，必要性，検査方法およびその他の留意事項について，患者またはその家族等に対して文書により説明の上交付するとともに，その文書の写しを診療録に添付してください。

❼ 超音波検査

- ☐ 必ず患者氏名と検査日時を記入してください。

> 個別指導時，検査画面に患者の氏名と検査日時を記入せずプリントアウトしている医療機関を時に見かけます。主治医の先生はおわかりなのでしょうが，他の者が見ても，それが本当に当該患者の当該月日に行われたものなのか不明です。

☐ 末梢血管血行動態検査は，慢性動脈閉塞症の診断および病態把握のために行った場合に算定します。

⑧ 呼吸心拍監視，新生児心拍・呼吸監視，カルジオスコープ（ハートスコープ），カルジオタコスコープ

☐ これらの検査は，観察した呼吸曲線，心電曲線，心拍数のそれぞれの観察結果の要点を診療録に記載した場合に算定します。

☐ 診療報酬明細書の摘要欄にこれらの検査の算定開始日を記載してください。

⑨ 平衡機能検査

☐ 重心動揺計検査は，標準検査を行った上，実施の必要が認められたものに限り算定します。

STEP 3-8　画像診断

☐ 画像診断についても，診療報酬請求の根拠は明確に診療録に記載しなければなりません。撮影等が施行された医療機関名とそのフィルムの所見・診断を記載してください。

> 他医で撮影が施行されたフィルムを診断して保険請求しているケースで，個別指導時に「どの医療機関で行われ，どのような診断であったか」と聞いても，診療録にその点の記載がまったくない医療機関をしばしば見かけます。

Column　無資格者によるレントゲン撮影

　私の指導医療官在任中，無資格者がレントゲン撮影を行った保険医療機関の事例が複数件あり，マスコミにも報道されました。無資格者のレントゲン撮影は，医師法第 17 条（医師でなければ，医業をなしてはならない）および診療放射線技師法第 24 条（医師，歯科医師または診療放射線技師でなければ，人体への放射線照射をしてはならない）に違反します。刑事罰となり，逮捕されます。

　医師（管理者）のほうから無資格者に撮影を依頼する場合が多いと思いますが，ある医療機関では，医師の多忙を見かねてか，あるいは自分の報酬を上げるためか，無資格者のほうから撮影を申し出ていました。医師はお言葉に甘えたのかもしれません。

　放射線機器のボタンを押したのは無資格者で，医師は実際にはボタンを押していないといっても，実行犯でない者に適用される「共謀共同正犯」の罪で医師も逮捕されています[25]。もちろん，レントゲン撮影に関係する診療報酬はすべて返還となります。

　どんな事情があっても，無資格者に放射線業務をさせてはいけません。

STEP 3-9　リハビリテーション

☐ すべての患者の機能訓練の内容の要点および実施時刻（開始時刻と終了時刻）の記録を必ず診療録等に記載してください。

☐ リハビリテーション実施計画を作成してください。

☐ 標準的算定日数を超えて継続して疾患別リハビリテーションを行う患者のうち，患者の疾患，状態等を総合的に勘案し，治療上有効と判断される場合は，継続することとなった日を診療録に記載し，その日およびその後3カ月に1回以上リハビリテーション実施計画書を作成して，患者またはその家族に説明の上交付するとともに，その写しを診療録に添付してください。

☐ 心大血管疾患，脳血管疾患等，運動器，呼吸器の各リハビリテーションの対象疾患を確認してください。

☐ 脳血管疾患等リハビリテーション料の廃用症候群の対象となる患者は，治療開始時のFIM（機能的自立度評価表）が115以下，BI（基本的生活動作）が85以下の状態等のものをいいます。

> 外科手術前の状態あるいは肺炎前の状態と勘違いされている医療機関も少なくありません。

☐ 運動器リハビリテーション料の対象疾患は，以下のとおりです。
　ア　急性発症した運動器疾患またはその手術後の患者
- 上・下肢の複合損傷（骨，筋・腱・靱帯，神経，血管のうち3種類以上の複合損傷）
- 脊椎損傷による四肢麻痺（1肢以上）
- 体幹・上・下肢の外傷・骨折，切断・離断（義肢）
- 運動器の悪性腫瘍　など

イ　慢性の運動器疾患により，一定程度以上の運動機能の低下および日常生活能力の低下を来している患者
- 関節の変性疾患
- 関節の炎症性疾患
- 熱傷瘢痕による関節拘縮
- 運動器不安定症　など

> 対象外の患者にリハビリテーション料を算定していることが時にありますが，それは認められません。

☐ マッサージや温熱療法などの物理療法のみを行った場合には，運動器リハビリテーション料ではなく，処置料の項により算定します。

☐ リハビリテーション総合計画評価料は多職種が共同してリハビリテーション総合実施計画を作成し，これに基づいて行ったリハビリテーションの効果，実施方法等について共同して評価を行った場合に算定できます。

☐ 摂食機能療法は，摂食機能障害を有する患者に対して30分以上の訓練指導を行った場合に算定します。摂食機能障害者とは，発達遅延，顎切除および舌切除の手術または脳血管疾患等による後遺症により摂食機能に障害があるものをいいます。

☐ 摂食機能療法の実施に当たっては，実施計画を作成し，医師は定期的な摂食機能検査をもとに，その効果判定を行う必要があります。訓練内容および治療開始日を診療録に記載してください。

☐ 摂食機能療法を算定する場合は，診療報酬明細書の摘要欄に疾患名および当該疾患に係る摂食機能療法の治療開始日を記載してください。

STEP 3-10　精神科専門療法

❶ 入院精神療法

☐ 入院精神療法（I）では，当該療法に要した時間およびその要点を診療録に記載してください。

❷ 通院・在宅精神療法

☐ 診療に要した時間が5分を超えたときに，初診の日にあっては30分を超えたときに算定します。

> この場合，診療報酬明細書の摘要欄に当該診療に要した時間を記載するのですが，診療録には療法の開始時刻と終了時刻を記載しておいたほうがよいでしょう。「そんなに長い時間治療を受けていない」という患者またはその家族からの苦情があったとき，時刻を記載していれば，的確に対応できるでしょうから。

☐ この療法を行った場合は，その要点を診療録に記載してください。

❸ 精神科継続外来支援・指導料

☐ この指導を行った場合は，その要点を診療録に記載してください。

☐ 特定薬剤副作用評価加算は，抗精神病薬を服用中の患者について，精神保健指定医またはこれに準ずる者が，通常行うべき薬剤の副作用の有無等の確認に加え，さらに薬原性錐体外路症状評価尺度を用いて定量的かつ客観的に薬原性錐体外路症状の評価を行った上で，薬物療法の治療方針を決定した場合に，月1回に限り算定できます。

☐ 特定薬剤副作用評価加算を算定する場合は，評価の結果と決定した治療

方針について，診療録に記載してください。

❹ 標準型精神分析療法 ・・・・・・・・・・・・・・・・・・・・・・・・・・・・・・・

☐ この療法は，診療に要した時間が 45 分を超えたときに限り算定します。

☐ この療法を行った場合は，その要点および診療時間を診療録に記載してください。

> 通院・在宅精神療法と同様に，診療録には療法の開始時刻と終了時刻を記載しておいたほうがよいでしょう。

❺ 認知療法・認知行動療法 ・・・・・・・・・・・・・・・・・・・・・・・・・・・・

☐ この療法は，診療に要した時間が 30 分を超えたときに限り算定します。

☐ 一連の治療につき 16 回を限度として算定します。

☐ この療法を行った場合は，その要点および診療時間を診療録に記載してください。

❻ 心身医学療法 ・・・・・・・・・・・・・・・・・・・・・・・・・・・・・・・・・・・・・・

☐ 初診時にこの療法を行った場合には，診療時間が 30 分を超えたときに限り算定します。診療報酬明細書の摘要欄に当該診療に要した時間を記載してください。

☐ この療法を行った場合は，その要点を診療録に記載してください。

❼ 重度認知症患者デイ・ケア料 ・・・・・・・・・・・・・・・・・・・・・・・

☐ 1 日につき 6 時間以上行った場合に算定します。

- ☐ 早期加算の対象となる患者は，当該療法の算定開始後1年以内または精神病床退院後1年以内の患者です。
- ☐ 重度認知症患者デイ・ケアを行った場合は，その要点および診療時間を診療録に記載してください。

STEP 3-11　処置

❶ 熱傷処置

- ☐ 第1度熱傷のみでは算定できません。熱傷に関して保険請求する場合には，必ずその程度（何度か）を診療録に記載する必要があります。

❷ 干渉低周波去痰器による喀痰排出

- ☐ 在宅酸素療法指導管理料，在宅人工呼吸指導管理料，在宅寝たきり患者処置指導管理料または在宅気管切開患者指導管理料を算定している患者に対して行った干渉低周波去痰器による喀痰排出の費用は算定しません。

❸ 血漿交換療法

- ☐ この療法の対象となる閉塞性動脈硬化症については，次のいずれにも該当する者に限り，当該療法の実施回数は，一連につき3月間に限って10回を限度として算定します。
    - ア　フォンテイン分類Ⅱ度以上の症状を呈する者
    - イ　薬物療法で血中総コレステロール値220 mg/dLまたはLDLコレステロール値140 mg/dL以下に下がらない高コレステロール血症の者
    - ウ　膝窩動脈以下の閉塞または広範な閉塞部位を有するなど外科的治療

が困難で，かつ従来の薬物療法では十分な効果を得られない者

- ☐ この療法を実施した場合は，診療報酬明細書の摘要欄に一連の当該療法の初回実施日および初回からの通算実施回数（当該月に実施されたものも含む）を記載してください。

❹ 皮膚科光線療法

- ☐ 赤外線又は紫外線療法は，5分以上行った場合に算定します。
- ☐ 皮膚科光線療法は，同一日において消炎鎮痛等処置とは併せて算定できません。

❺ 皮膚レーザー照射療法（一連につき）

- ☐ この療法は，単なる美容を目的とした場合は算定できません。
- ☐ 「一連」とは，治療の対象となる疾患に対して所期の目的を達するまでに行う一連の治療過程で，おおむね3月間にわたり行われるものをいいます。
- ☐ この療法を開始した場合は，診療報酬明細書の摘要欄に，前回の一連の治療の開始日を記載してください。

❻ 干渉低周波による膀胱等刺激法

- ☐ この刺激法は，尿失禁の治療のために行った場合に算定します。
- ☐ 治療開始時点においては，3週間に6回を限度とし，その後は2週間に1回を限度として，入院中の患者以外の患者について算定します。

❼ 消炎鎮痛等処置

- [ ] 同一部位に対して湿布処置，創傷処置，皮膚科軟膏処置または面皰圧出法が行われた場合は，いずれか1つのみ算定し，併せて算定はできません。
- [ ] 在宅寝たきり患者処置指導管理料を算定している患者については，この処置の費用の算定はできません。
- [ ] 同一患者につき同一日において，腰部または胸部固定帯固定に併せてこの処置を行った場合は，主たるものにより算定します。
- [ ] 同一患者につき同一日において，低出力レーザー照射に併せてこの処置を行った場合は，主たるものにより算定します。
- [ ] 同一患者につき同一日において，肛門処置に併せてこの処置を行った場合は，主たるものにより算定します。
- [ ] 超音波骨折治療法に併せて行った消炎鎮痛等処置の算定はできません。
- [ ] 鋼線等による直達牽引と消炎鎮痛等処置を併せて行った場合は，鋼線等による直達牽引のみ算定します。
- [ ] 内反足足板挺子固定と消炎鎮痛等処置を併せて行った場合は，内反足足板挺子固定のみ算定します。
- [ ] 体外衝撃波疼痛治療術に併せて行った消炎鎮痛等処置は算定できません。

❽ 腰部又は胸部固定帯固定

- [ ] 腰痛症の患者に対して腰部固定帯で腰部を固定した場合または骨折非観血的整復術等の手術を必要としない肋骨骨折等の患者に対して胸部固定帯で胸部を固定した場合に1日につき算定します。
- [ ] 在宅寝たきり患者処置指導管理料を算定している患者については算定で

STEP 3-12　手術

❶ 手術の同意

☐ 手術を受けるすべての患者に対して，当該手術の内容，合併症および予後等を，文書を用いて詳しく説明し，患者から要望のあった場合は，その都度手術に関して十分な情報を提供してください。

☐ 患者への説明を要する手術とは，施設基準が設定されている手術だけではなく，当該医療機関において行われるすべての手術を対象としています。

☐ 説明した内容については文書（書式様式は自由）で交付し，診療録にその写しを添付してください。患者への説明が困難な状況にあっては，事後の説明または家族等関係者に説明を行っても差し支えありません。ただし，その旨を診療録に記載してください。

❷ 特定保険医療材料，衛生材料，薬剤等の費用

☐ 手術で通常使用される保険医療材料（チューブ，縫合糸等），衛生材料（ガーゼ，脱脂綿および絆創膏等），外皮用殺菌剤，患者の衣類および1回の手術に使用される総量価格が15円以下の薬剤の費用は，手術の所定点数に含まれます。

☐ 別に厚生労働大臣が定める特定保険医療材料および1回の手術に使用される総量価格が15円を超える薬剤については，当該手術の所定点数のほかに当該特定保険医療材料および薬剤の費用を算定できます。

Column 「患者の同意」と違法性阻却事由

　これは保険診療とは関係ありませんが，「患者の同意」について調べていたところ，「**違法性阻却事由**」という文言を目にしました。

　「違法性阻却」とは，行為は原則として違法だが，例外的に正当化事由があれば違法性が阻却される（遡って初めから違法ではないとされる）ことで，「法令又は正当な業務による行為は，罰しない」とした刑法第35条に基づいているようです[25]。

　具体的には，緊急行動（正当防衛や緊急避難）やボクシングのボクサーの行為等々がありますが，治療（医療）行為もこれに当たるとのことです。ただし，およそ医療行為であればすべて正当な業務による行為とはみなされないようで，次に示す3要件がそろって初めて正当化されるようです。

①治療目的であること
②医学上の準則
　（医療行為が医学上の適切な診療行為に則っていること，と私は理解しました）
③患者の同意

　まったくお恥ずかしい話ですが，私はこの事由を今回調べて初めて知りました。もちろん，手術だけではなく，採血をするにしても，採血の理由，必要性を患者さんに説明して同意を得る必要があることは知っていましたし，これまでも説明して同意を得てきましたが，明確に法令上に記載があることは知りませんでした。

　あらゆる治療がすべてうまくいくはずもなく，うまくいかないときには，しばしば苦情の相談が来ます。私は，保険診療とは無関係の内容の場合には，他の関係部署を紹介していましたが，治療に十分な同意が得られていないな，と思われる場合も少なからずありました。

Column
医療契約は「双務契約」

　これも，保険診療とは直接には関係ありませんが，指導医療官在任中に経験したことですので，ご紹介します。

　私は三十数年間脳外科医をやってきましたが，次第に気になることができました。それは，治療をしていて，うまくいかなかったとき，患者側から医療費（診療報酬）の支払いを拒否されるのではないかという危惧でした。特に，脳腫瘍の場合です。全摘出はさまざまな理由で不可能で，残さざるを得なかった場合，もちろん，術前に全摘出は難しいという説明をし同意を得るのですが，結果が良くなかったときに「支払いたくない」と言われることがあるのでは，と思うようになりました。

　指導医療官になって2～3カ月経った頃，患者側から「ある医療機関で治療がうまくいっていないので治療費を払いたくない」という相談が厚生局にあり，事務方が対応しました。それを傍から見ていて，「やはりこういう相談が実際にあるのか。私の危惧は当たっていた」と実感しました。その後も，同様の相談が散見されました。そのような案件は，最終的には医療安全相談センターへ回しますが，内容は投薬中の薬剤の件であったり，手術であったり，診療全体であったりします。「うまくいっていないのであれば，支払わなくてもいいのでは」という意見が関係者の間にもあったりして，これもまた驚きでした。

　そこで，医療費の支払い義務について調べてみると，兵庫県医療安全相談センターの相談事例集に以下の記載がありました。

①医療契約は，患者が診察の申し込みをして，医師が診療を開始したときに成立する「**双務契約**」であるため，医師と患者が互いに権利を有し，義務を負っている。
　● 医師の義務：患者のために最善の治療を行うこと
　● 患者の義務：医師の治療行為に対して医療費の支払いを行うこと
②医療契約は，病気を診察・治療させることであって，治癒することまでは含まれていないので，病気がよくならないからといって支払い義務が免除されるものではない。

③納得できない場合は，医療契約の相手方である医師とよく話し合いをされることが望ましい。

（根拠法令等）
○医療（診療）契約
- 患者と医師ないし医療機関との間には，診療報酬支払いを要素とする契約が成立する。診療という事実行為を医師に委託するものであり，民法上は委任に準じた準委任契約（民法第656条）と解されている。
- 契約により医師は，現代医学の水準から見て，通常の医師がとりうる最も妥当な診療を，善良な管理者の注意をもってする義務（民法第644条）があるとされている。必ず病気を治癒させるということを引き受けるものではない。

非常に恥ずかしいことに，医療費の支払いについてこのような法的な考え方があるとは，このときまで知りませんでした。もし，私が個人で開業し，他に相談することができずこのような場面に出くわしたら，経過が悪いのは気の毒だと思い，「支払いは結構です」とでも言っていたかもしれません。いまは，基本的な考え方と根拠法令を知りましたので，「経過が思わしくないのは誠に残念ですが，診療報酬は成功報酬ではありませんので，支払いをお願いします」とはっきり言うことができます。

STEP 3-13　麻酔

☐ 麻酔管理料（I）（II）を算定する場合は，麻酔前後の診察および麻酔の内容を診療録に記載してください。なお，麻酔前後の診察について記載された麻酔記録または麻酔中の麻酔記録の診療録への添付により診療録への記載に代えることができます。

STEP 3-14　施術

☐ 保険医の診療方針として，療養担当規則第 17 条では，保険医は患者の疾病または負傷が自己の専門外にわたるものであるという理由によって，みだりに，施術業者の施術を受けさせることに同意を与えてはならないとされています。

Column　レセプト作成に積極的に関わりましょう

　療養担当規則第 23 条の 2（適正な費用の請求の確保）に「保険医は，その行った診療に関する情報の提供等について，保険医療機関が行う療養の給付に関する費用の請求が適正なものとなるよう努めなければならない」と謳われています。**診療報酬明細書（レセプト）の作成に関しては，保険医は請求事務担当者に任せきりにするのではなく，積極的にその作成に関わってください。**

　診療報酬明細書は，いわば，「私は，今月，このような氏名の患者を診療しました。病名はこれらです。これらの疾患，病態に対し，このような検査を行い，このような治療を行いましたので，（一部負担金の残りの）診療報酬の支払いをお願いします」という保険者に対する請求書のようなものだと私は解釈しています。その請求書の作成を，たとえ多忙とはいえ，他人（事務）任せにするというのは理解しがたいところです。自己の収益に関することですから。

　保険者側からすれば「ちゃんと診療報酬を支払いますから，その前に主治医のほうで必ず自ら診療録と照合しながら，記載事項に誤りや不備がないか十分にチェックしてくださいよ」と言いたいところでしょう。

　以下に具体的な注意事項を挙げます。

①診療報酬明細書の傷病名は，診療録のそれと一致しているか。
②実態のない，いわゆる「レセプト病名（保険病名）」が記載されていないか。
③疑い病名や急性病名，状態名が，長期間放置されていないか。
④診療報酬明細書の診療開始日と診療録のそれとは一致しているか。
⑤診療報酬明細書の請求内容と診療録のそれとは一致しているか。
⑥間違った記載欄に記載していないか。

　繰り返しになりますが，診療報酬明細書は，審査支払機関への提出前に必ず主治医自らが診療録等と照合し，十分に点検してください。傷病名のみでは診療内容に関する説明が不十分と思われる場合には，「病状詳記（病状説明）」を診療報酬明細書に添付してください。

Column　保険医登録をしていない医師はいませんか

　保険医療機関において健康保険の診療に従事する医師は**保険医**でなければならない，と健康保険法第 64 条で規定されています。ですから，保険医療機関の管理者はご自分の医療機関で保険診療に従事している医師全員を厚生局に届け出なければなりません。週 1 回の外来を担当する医師も，当直など時間外に勤務する医師もすべて届け出なければなりません。それらの医師が保険医であるか否かをチェックする必要があるからです。

　以前，ある保険医療機関で働いている医師が，実は保険医ではないことが判明したことがあります。その後のその医療機関での診療報酬請求をめぐる大混乱は容易に想像がつきます。非常に稀ではありますが，現実にあり得ることなのです。

STEP 4

指導・監査——最近の傾向はこうなっている

ここまで，保険診療や指導・監査の仕組み，正しい保険診療を実践するためのチェックポイントについて述べてきましたが，最後に，保険医療機関や保険医に対する指導・監査の最近の傾向について見ていきたいと思います。

毎年，厚生労働省保険局医療課医療指導監査室から「保険医療機関等の指導・監査等の実施状況について（概況）」が発表されていますので，それをもとに，2005～2013（平成17～25）年度の9年間の概況をまとめてみました[12〜19]。

● 指導の状況——個別指導件数が激増

医科の集団的個別指導件数（表1）は，2005（平成17）年頃は4,000件程度でしたが，最近では約5,000件と増加しています。2013（平成25）年10月時点での全国の医科の医療機関数は109,068施設ですから，大雑把に言って10万件に5,000件，つまり約20件に1件くらいの割合で集団的個別指導を受けていることになります。

個別指導（表2）に関しては，指導を受けた保険医療機関は2009（平成21）年度までは1,100～1,200件でしたが，2010，2011（平成22，23）年度は約1,400件と増加し，2012（平成24）年度は1,553件，2013（平成25）年度は1,563件とさらに増加しています。

指導を受けた保険医は2007～2010（平成19～22）年度はおよそ2,000人でした。2011（平成23）年度は約6,000人に増加，2012（平成24）年度は5,000人程度でしたが，2013（平成25）年度は8,166人と激増しています。

私の実体験としても2010年に厚生労働省近畿厚生局に入った後，仕事量は年々増加し，4年間で倍増した気がしていました。実際に，個別指導件数は顕著に増加しています。

● 監査の状況——監査移行率低下も取消件数は増加

監査（表3）については，実施した保険医療機関は，2008，2009（平成20，

表 1 保険医療機関の集団的個別指導実施状況（医科）

年度	2005 （平成 17）	2006 （平成 18）	2007 （平成 19）	2008 （平成 20）	2009 （平成 21）
全国の医療機関（施設）	106,468	107,552	108,394	107,877	108,374
指導対象医療機関（件）	4,196	4,182	4,537	4,844	5,183

年度	2010 （平成 22）	2011 （平成 23）	2012 （平成 24）	2013 （平成 25）	2014 （平成 26）
全国の医療機関（施設）	108,494	108,152	108,717	109,068	－
指導対象医療機関（件）	5,332	4,742	4,835	4,775	－

表 2 保険医療機関・保険医の個別指導実施状況（医科）

年度	2005 （平成 17）	2006 （平成 18）	2007 （平成 19）	2008 （平成 20）	2009 （平成 21）
保険医療機関（件）	936	1,152	1,153	1,177	1,227
保険医（人）	3,185	4,299	2,033	1,933	1,937

年度	2010 （平成 22）	2011 （平成 23）	2012 （平成 24）	2013 （平成 25）	2014 （平成 26）
保険医療機関（件）	1,399	1,428	1,553	1,563	－
保険医（人）	2,282	5,993	5,074	8,166	－

表 3 保険医療機関・保険医の監査実施状況（医科）

年度	2005 （平成 17）	2006 （平成 18）	2007 （平成 19）	2008 （平成 20）	2009 （平成 21）
保険医療機関（件）	52	76	59	36	39
保険医（人）	182	190	176	107	112
監査移行率（％）	5.6	6.6	5.1	3.1	3.2

年度	2010 （平成 22）	2011 （平成 23）	2012 （平成 24）	2013 （平成 25）	2014 （平成 26）
保険医療機関（件）	98	100	53	37	－
保険医（人）	263	225	147	101	－
監査移行率（％）	7.0	7.0	3.4	2.4	－

21）年度はおよそ40件でしたが，2010，2011（平成22，23）年度は約100件と増加，2012（平成24）年度は53件，2013（平成25）年度は37件と減少しています。

　個別指導から監査へと移行した保険医療機関の割合（監査移行率）は，2005～2007（平成17～19）年度は5～6％，2008，2009（平成20，21）年度は約3％でした。2010，2011（平成22，23）年度は7％と上昇していますが，2012（平成24）年度は3.4％，2013（平成25）年度は2.4％と低下しています。

　このように，2005（平成17）年以降，個別指導を受けた保険医療機関数は増加の一途をたどっていますが，2012，2013（平成24，25）年度に監査を受けた保険医療機関数および保険医数は減少し，監査移行率は低下しています。ただ，保険医療機関の指定取消件数は増加しており（表4），この傾向は大いに危惧されます。

● 指定取消の端緒——最も多いのは"内部告発"

　保険医療機関等の指定取消に係る端緒（表5）については，「保険者等からの情報提供」と「その他」に分けて集計されていますが，いずれも増加傾向にあります。

　「保険者等からの情報提供」は，「保険者」「医療機関従事者等からの情報」「医療費通知」の3つのケースがあります。

　「保険者」からの場合，診療報酬請求書の患者名が医師名となっており，保険者が医師の自己診療を疑うとか，組合員からの疑義や苦情を受けた保険者が行政側に情報を提供することが多いようです。

　「医療機関従事者等からの情報」は，いわゆる内部告発を意味します。医療機関の現在の従業員，あるいは元従業員からの通報です。情報提供としてはこれが最も多いのですが，この中には感情的なものや，又聞きであまり根拠が明確でなさそうなものも多く，信憑性に欠けることも少なくありません。

　「医療費通知」というのは，患者が医療費通知を見て，疑義が発生し，行

表4 保険医療機関の指定取消および保険医の登録取消状況（医科）

年度	2005 （平成17）	2006 （平成18）	2007 （平成19）	2008 （平成20）	2009 （平成21）
保険医療機関（件）	25	15	21	14	3
保険医（人）	21	17	19	13	2

年度	2010 （平成22）	2011 （平成23）	2012 （平成24）	2013 （平成25）	2014 （平成26）
保険医療機関（件）	8	20	42	37	−
保険医（人）	7	10	12	9	−

表5 保険医療機関等の指定取消に係る端緒

年度	2005 （平成17）	2006 （平成18）	2007 （平成19）	2008 （平成20）	2009 （平成21）
①保険者等（件）	39	24	37	22	11
②その他（件）	15	12	15	11	5
計（件）	54	36	52	33	16

年度	2010 （平成22）	2011 （平成23）	2012 （平成24）	2013 （平成25）	2014 （平成26）
①保険者等（件）	12	26	38	30	−
②その他（件）	10	19	34	29	−
計（件）	22	45	72	59	−

（註）①保険者等：保険者，医療機関従事者等からの情報，医療費通知
　　　②その他：適時調査や他の保険医療機関の個別指導または監査から不正が疑われる場合，検察・警察からの情報提供，会計検査院からの指摘等

政側に通報するものです。すなわち，患者自身が持っている領収書の金額と医療費通知の金額とが合わない場合に連絡があります。不正請求を疑わせる重要な情報です。

「その他」の場合は，「適時調査や他の保険医療機関の個別指導または監査から不正が疑われる場合」「検察・警察からの情報提供」「会計検査院からの指摘」などがあります。

「適時調査や他の保険医療機関の個別指導または監査から不正が疑われる場合」は，適時調査で事実の隠蔽や虚偽の改善報告書等の悪質な対応があったり，同じ医療法人の中の1つの医療機関に不正が見つかり，他の医療機関も不正が疑われたりする場合などです。

「検察・警察からの情報提供」は，文字通り検察や警察から当該医療機関に関する情報提供がある場合です。逆に，行政側から詐欺等の疑いで刑事告発することもあります。

「会計検査院からの指摘」は，STEP 1-1（☞2ページ）で説明しましたように，国民健康保険の場合には税金が投入されているため，公的資金の流れを会計検査院が点検していく過程で，不正または不当な請求が疑われる場合に「○○医療機関の××管理料に問題がありそう」などと行政側に指摘があります。

会計検査院は，国の収入・支出の決算，政府関係機関・独立行政法人等の会計，国が補助金等の財政援助を与えているものの会計などの検査を行う憲法上の独立した機関です。行政機関ではありますが，法律上，内閣に対し独立の地位を有しています。司法や立法にも属さず，三権のいずれからも独立していますので，そのような機関から疑義が指摘されれば，行政側は必ず調査をしなければなりません。

このようなことは，一般の医療関係者には思いもよらぬことでしょう。私も指導医療官の仕事に就くまでまったく知りませんでした。

● 取消状況の詳細——大学病院も例外ではない

表6〜9は，2010（平成22）年度，2011（平成23）年度，2012（平成24）

表6 2010（平成22）年度保険医療機関等取消状況（医科）

医療機関	返還金額（千円）	主な事故内容
1　小児科医院	53,013	架空・付増・振替請求
2　内科医院	21,511	付増・振替・その他請求
3　病院	133,406	付増・振替・その他請求
4　放射線科内科医院	256	架空・付増請求
5　内科医院	9,381	付増請求
6　外科内科クリニック	27	その他請求
7　耳鼻咽喉科医院	11,348	付増請求
8　クリニック	精査中	その他請求

（2011年12月22日 厚生労働省保険局医療課医療指導監査室）

表7 2011（平成23）年度保険医療機関等取消状況（医科）

医療機関	返還金額（千円）	主な事故内容
1　病院	223,080	その他請求
2　内科医院	12,156	架空・その他請求
3　内科クリニック	24,488	架空・付増・その他請求
4　クリニック	307	架空・付増・その他請求
5　医院	3,789	架空・付増・振替請求
6　整形外科医院	精査中	付増請求
7　精神科病院	精査中	その他請求
8　整形外科医院	精査中	付増請求
9　整形外科医院	精査中	付増請求
10　整形外科医院	精査中	付増請求
11　眼科医院	精査中	架空・付増請求
12　整形外科医院	44,990	架空・付増・振替・その他請求
13　病院	精査中	その他請求
14　病院	精査中	その他請求
15　外科クリニック	286	付増請求
16　クリニック	精査中	振替請求
17　眼科クリニック	精査中	振替請求
18　整形外科	精査中	振替・その他請求
19　精神科クリニック	精査中	架空・付増請求
20　内科医院	29,889	振替・その他請求

（2013年1月31日 厚生労働省保険局医療課医療指導監査室）

年度，2013（平成25）年度の保険医療機関（医科）の取消状況の詳細です。

2010（平成22）年度（表6）の8件の取消処分をみると，3の「病院」の場合，返還金額は1億円を超えています。6の「外科内科クリニック」の場合はわずか27,000円の返還金額で取消処分になっていますが，主な事故内容は「その他請求」となっています。これは，放射線撮影の無資格者が撮影を行ったもので，それによる不正請求です（☞84ページ）。行政上の措置は返還金の多寡で決まるものでもありません。このクリニックの場合，放射線技師法違反で刑事罰も与えられています。

2011（平成23）年度（表7）は20件の取消処分があり，前年度に比べるとかなり増加しています。詳細をみると，病院の取消件数が4件と増えており，1の「病院」の返還金額は2億円を超えています。主な事故内容は4件とも「その他請求」となっています。このような場合，「その他請求」の中の「医師数，看護師数等の標欠」によるものが多いと思われます。そうなれば，この不正請求は入院基本料に関わることになります。他の3件の病院の返還金額は，この概況の発表時には「精査中」となっていますが，巨額の返還金となる可能性が大です。

診療科に関しては，この年度の取消状況をみる限り，整形外科が多いように思われますが，他の年度をみますと，特定の診療科に偏っているとまでは言えないようです。

2012（平成24）年度（表8）は42件の取消処分があり，過去9年間では最多の件数となりました。これはコンタクトレンズ（CL）の処方に関する不正請求が多かったためです。CLを処方した場合，精密眼底検査等諸検査は請求できずコンタクトレンズ検査料（検査料1の場合は200点，2の場合は56点）で一括請求すべきところ，検査別に請求していました。結果として，より多額の保険請求を行っており，「振替請求」となっています。関西を中心に愛知県や四国の医療機関を含めた20件の医療機関が取消処分になっていますが，背後にCLを販売している株式会社が関与していたため，広範囲の地域にまたがる行政処分となりました。

今後，このように医療機関を株式会社が影で操るような案件は増えてくるような気がしています。そうなれば，不正請求をしている医療機関は広

表8 2012(平成24)年度保険医療機関等取消状況(医科)

	医療機関	返還金額(千円)	主な事故内容
1	整形外科医院	精査中	架空請求
2	内科医院	精査中	その他請求
3	内科医院	精査中	付増請求
4	大学医療センター	127,305	その他請求
5	病院	453,570	その他請求
6	耳鼻咽喉科医院	1,278	その他請求
7	皮膚科形成外科医院	5,503	架空・付増・二重・その他請求
8	クリニック	精査中	その他請求
9	医院	精査中	付増・振替・その他請求
10	クリニック	精査中	振替・その他請求
11	病院	精査中	付増・その他請求
12	病院	1,894,915	その他請求
13	眼科クリニック[CL]	精査中	振替請求
14	病院	精査中	その他請求
15	神経内科クリニック	精査中	付増・その他請求
16	内科医院	精査中	架空・付増・その他請求
17	整形外科クリニック	35,564	付増・振替・その他請求
18	アイクリニック[CL]	精査中	振替請求
19	病院	6,970	付増・振替請求
20	内科クリニック	精査中	付増・振替・その他請求
21	眼科医院[CL]	精査中	振替請求
22	クリニック[CL]	精査中	振替・その他請求
23	クリニック[CL]	精査中	振替請求
24	眼科医院[CL]	精査中	振替請求
25	クリニック[CL]	精査中	振替請求
26	クリニック[CL]	精査中	振替・その他請求
27	クリニック[CL]	精査中	振替・その他請求
28	クリニック[CL]	精査中	振替請求
29	クリニック[CL]	精査中	振替・その他請求
30	眼科医院[CL]	精査中	振替請求
31	クリニック[CL]	精査中	振替請求
32	クリニック[CL]	精査中	付増・振替・その他請求
33	クリニック[CL]	精査中	振替請求
34	眼科医院[CL]	精査中	振替請求
35	眼科医院[CL]	精査中	振替請求
36	クリニック[CL]	7,227	振替請求
37	皮膚科医院	精査中	付増・振替請求
38	医院	精査中	その他請求
39	整形外科医院	12,644	付増・振替・その他請求
40	クリニック[CL]	精査中	振替請求
41	クリニック[CL]	精査中	振替請求
42	医院	18,146	その他請求

(2014年1月31日 厚生労働省保険局医療課医療指導監査室)

域となり，それに対処する側も広域にわたる指導・監査が必要となります。行政側も各厚生局の地域性を超えた対処法が必要となってきます。

　4の「大学医療センター」は大学病院で，この病院が保険医療機関の取消処分を受けたというニュースは世間を驚かせました。「大学病院は大丈夫だろう」「取消など厳しい処分を受けることはないだろう」と思っておられた方々は驚かれたかもしれませんが，指導・監査を行う当事者から見れば，大学病院であろうと，先端医療を行っている病院であろうと，救急病院であろうと，老舗の伝統のある医療機関であろうと，まったく関係はありません。どのような医療機関であるかに関係なく，是々非々の姿勢で，ただ単にその医療機関の診療の内容，診療報酬請求の内容を問題にしているだけです。

　2013（平成25）年度（表9）に取消処分を受けた保険医療機関は37件でした。この年度もCLに関連した取消が多くなっています。前年度と同様に，取消処分を受けた病院が5件あり，最近の傾向の1つに病院の取消処分の増加があるのではないかと思われます。

表9 2013(平成25)年度保険医療機関等取消状況(医科)

	医療機関	返還金額(千円)	主な事故内容
1	病院	精査中	その他請求,虚偽報告
2	整形外科内科医院	精査中	付増・振替・その他請求
3	整形外科内科医院	精査中	付増・振替・その他請求
4	整形外科内科医院	精査中	付増・振替・その他請求
5	小児科内科医院	3,283	架空・付増請求
6	眼科医院	精査中	振替請求
7	病院	1,493,515	その他請求,虚偽報告
8	病院	329,176	架空・付増・その他請求,虚偽報告
9	診療所	精査中	付増請求
10	クリニック[CL]	精査中	振替請求
11	眼科医院[CL]	精査中	振替請求
12	眼科医院[CL]	精査中	振替請求
13	クリニック[CL]	精査中	振替請求
14	クリニック[CL]	精査中	振替請求
15	クリニック[CL]	精査中	架空・振替請求
16	クリニック[CL]	精査中	振替請求
17	眼科医院[CL]	精査中	振替請求
18	医院	26,983	架空・付増・振替・その他請求
19	診療所	3,646	付増・振替・その他請求
20	眼科	精査中	監査拒否
21	クリニック[CL]	精査中	振替・その他請求
22	クリニック[CL]	精査中	振替・その他請求
23	眼科医院[CL]	精査中	振替・その他請求
24	クリニック[CL]	精査中	振替・その他請求
25	眼科医院[CL]	精査中	振替・その他請求
26	クリニック[CL]	精査中	振替請求
27	クリニック[CL]	精査中	振替請求
28	クリニック[CL]	精査中	振替請求
29	病院	精査中	虚偽報告
30	眼科医院[CL]	精査中	振替請求
31	クリニック	16,803	付増・その他請求
32	内科クリニック	19,755	付増・振替請求
33	クリニック[CL]	精査中	付増・振替・その他請求
34	病院	精査中	振替・その他請求
35	医院[CL]	精査中	振替・その他請求
36	クリニック	精査中	その他請求
37	内科クリニック	2,074	付増・振替請求

(2015年1月30日 厚生労働省保険局医療課医療指導監査室)

増加する返還金

図1は，取消処分となった医療機関の主な事故内容から，2007（平成19）年度以降7年間の不正請求の推移を調べたものです。これによれば，「付増請求」や「その他請求」によるものが多く，「二重請求」によるものは少ないようです。医師や看護師の確保が容易ではない昨今，今後「その他請求」によるものが増えるのかもしれません。現実に，2012（平成24）年度は明らかに「その他請求」が増加しています。さらに同年度からは「振替請求」も増加しています。これはCLに関して処分を受けた眼科に「振替請求」や「その他請求」などの不正請求が多かったため，と思われます。

表10は，医科のみならず歯科や薬局を含めたすべての保険医療機関・保険薬局の返還金総額を示しています。2008，2009（平成20，21）年度は56〜59億円程度とこの5年間では低い金額でした。前述の医科の個別指導や監査の件数からみると，旧社会保険庁の問題が影響したのかもしれませんが，歯科や薬局の状況がわからないので確かなことは言えません。

2010（平成22）年度以降は増加の一途をたどっています。2013（平成25）年度は監査によるものが増えていますが，適時調査によるものはほぼ毎年着実に増加しています。適時調査は主として施設基準等に関する調査ですから，ちゃんと施設基準を満たしておけば，避けられる返還金のはずですが，その返還金が増えているというのは，なかなか基準が守れないということなのでしょうか。

個人的には，今後も指導や監査の件数の増加とともに返還金額は増加していくのではないかと予想しています。

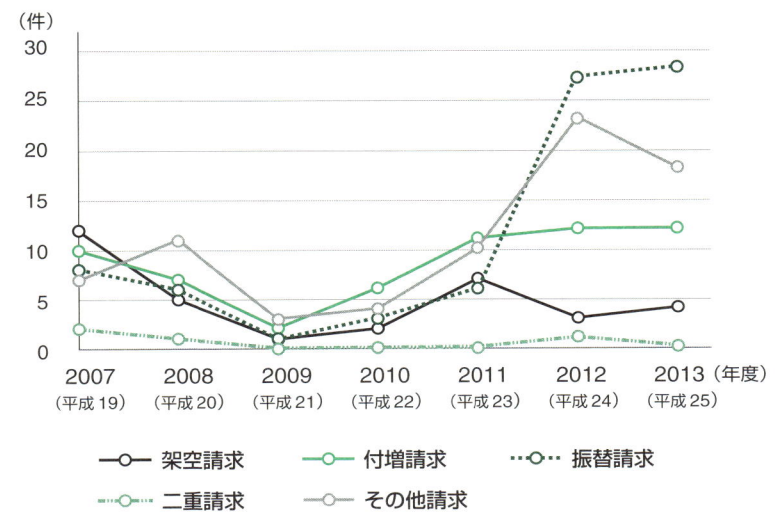

```
(件)
30
25
20
15
10
 5
 0
     2007    2008    2009    2010    2011    2012    2013 (年度)
    (平成19) (平成20) (平成21) (平成22) (平成23) (平成24) (平成25)
```

―〇― 架空請求   ―〇― 付増請求   ･･〇･･ 振替請求
―･〇･― 二重請求   ―〇― その他請求

図1 取消処分を受けた医療機関における不正請求の年次推移（医科）

表10 返還金額

年度	2007 （平成19）	2008 （平成20）	2009 （平成21）	2010 （平成22）
指導によるもの	235,800	252,258	212,360	273,106
監査によるもの	318,908	113,854	91,543	161,291
適時調査によるもの	204,810	219,136	257,138	320,000
合計（単位：万円）	759,518	585,248	561,041	754,397

年度	2011 （平成23）	2012 （平成24）	2013 （平成25）	2014 （平成26）
指導によるもの	207,754	405,599	341,903	－
監査によるもの	63,513	175,799	501,756	－
適時調査によるもの	558,133	722,491	617,508	－
合計（単位：万円）	829,401	1,303,890	1,461,167	－

Column 「知らなかった」は通用しない

　日常診療において，医療関係者は医療事故や医療過誤を起こさないよう常に十分に注意を払います。いったん問題が起こると，その対応に多大なエネルギーを消費し，神経をすり減らします。

　保険診療と診療報酬請求においてはいかがでしょうか。不正請求をしますと，一時は医療機関の収益は上がるかもしれませんが，監督行政機関のチェックが行われないかと不安にかられます。不正は露見しないと高をくくっていても，いったん監督行政機関からの連絡や通知があれば肝を冷やします。個別指導をしますと，対象の医療機関の管理者の先生から，「昨夜はほとんど眠れませんでした」とか，「この1週間はよく眠れませんでした」というぼやきを少なからず耳にします。

　不正請求は患者側も過払いとなりますので，患者やその家族が不満を抱き，当該医療機関に押しかけたり，監督行政機関に疑念を訴え，指導等を催促したりします。不正請求をすれば，患者側や保険者側の負担は大きくなり，医療者側は返還金を求められ，保険医療機関や保険医の指定・登録が取り消されることもあります。

　「取消」という措置を不満として，行政を相手に訴訟を起こすケースもありますが，裁判に要する経済的・精神的負担はいかがなものでしょうか。不正請求で得た利益は，それらの負担を上回るのでしょうか。監査が終わった後，席を立って部屋のドアを開ける保険医療機関の管理者の後ろ姿には「こんなことになるのなら，ちゃんとしておけばよかった」という後悔の念がにじんでいるように私には感じられました。

　指導大綱や監査要綱は中央社会保険医療協議会を経て作成され，行政上の不利益処分は地方社会保険医療協議会を経て決定されるわけで，保険診療は決して医療関係者のみで行われているのではありません。保険者や公益者の視線からどのように見られるか，もし彼らからの質問があれば，どのように返答できるのか，といったことも医療関係者は念頭に置く必要があると思います。

　くどいようですが，保険医療機関の管理者も，管理者でない保険医も，保

険診療に携わる以上は知っておくべきルールがあります。そのルールブックが『医科点数表の解釈』[7]や『診療点数早見表』[20]です。わからなければ，必ずこれらの本で確認してください。

「知らなかった」は通用しません。保険者や公益者は，知らなかったからということでは許してはくれないでしょう。

自動車運転免許を取得して車を運転する者は，交通ルールを知っておかなければならないように，保険医療機関に勤務する保険医は，保険診療のルールを知っていなければなりません。

参考文献

1) 厚生労働省：平成23年度厚生労働白書．第1部第2章第1節 国民皆保険・皆年金実現以前の社会保障制度．2011；p35–37．
2) 猪熊律子：一緒に学ぼう社会保障のABC．
　　［http://www.yomidr.yomiuri.co.jp/page.jsp?id=81577］
　　［http://www.yomidr.yomiuri.co.jp/page.jsp?id=81944］
3) 田多英範：福祉国家と国民皆保険・皆年金体制の確立．季刊・社会保障研究．2011；47（3）：220–230．
4) 石田道彦：医療保険制度と契約．季刊・社会保障研究．2009；45（1）：46–54．
5) 向本時夫：わが国における保険医療機関等への指導・監査と行政上の措置．日医雑誌．2013；142（1）：92–96．
6) 宇賀克也：行政法概説Ⅰ 行政法総論．第5版．有斐閣，2013．
7) 医科点数表の解釈．平成26年4月版．社会保険研究所，2014．
8) 東北厚生局：平成25年度に実施した個別指導において保険医療機関（医科）に改善を求めた主な指摘事項．
9) 東海北陸厚生局：平成25年度に実施した個別指導において保険医療機関（医科）に改善を求めた主な指摘事項．
10) 中国四国厚生局：平成25年度に実施した個別指導において保険医療機関（医科）に改善を求めた主な指摘事項．
11) 関東信越厚生局：平成25年度に実施した個別指導において保険医療機関（医科）に改善を求めた主な指摘事項．
12) 厚生労働省保険局医療課医療指導監査室：平成19年度における保険医療機関等の指導及び監査の実施状況について（概況）．
13) 厚生労働省保険局医療課医療指導監査室：平成20年度における保険医療機関等の指導及び監査の実施状況について（概況）．

14) 厚生労働省保険局医療課医療指導監査室：平成 21 年度における保険医療機関等の指導及び監査の実施状況について（概況）.
15) 厚生労働省保険局医療課医療指導監査室：平成 22 年度における保険医療機関等の指導及び監査の実施状況について（概況）.
16) 厚生労働省保険局医療課医療指導監査室：平成 23 年度における保険医療機関等の指導・監査等の実施状況について（概況）.
17) 厚生労働省保険局医療課医療指導監査室：平成 24 年度における保険医療機関等の指導・監査等の実施状況について（概況）.
18) 厚生労働省保険局医療課医療指導監査室：平成 25 年度における保険医療機関等の指導・監査等の実施状況について（概況）.
19) 厚生労働省大臣官房統計情報部人口動態・保健社会統計課保健統計室：平成 17〜25 年医療施設（静態・動態）調査・病院報告の概況.
20) 診療点数早見表. 2014 年 4 月版. 医学通信社, 2014.
21) 社会保険医療関係全通知集. 第 9 版. 厚生省保険局医療課, 編. 医学通信社, 1999.
22) 厚生労働省地方厚生局：保険診療の理解のために.
23) 診療報酬明細書等の被保険者への開示について（平成 9 年 6 月 25 日 老企第 64 号・保発第 82 号・庁保発第 16 号）
24) 関東信越厚生局東京事務所：関東信越厚生局東京事務所管内の保険医療機関に対して平成 24 年度に実施した適時調査において改善を求めた主な指摘事項.
25) 前田雅英：刑法総論講義. 第 5 版. 東京大学出版会, 2011.
26) 「保険医療機関等及び保険医等の指導及び監査について」の一部改正について（平成 20 年 3 月 31 日 保発第 0331001 号）

巻末資料―― 保険医療機関及び保険医療養担当規則

保険医療機関及び保険医療養担当規則

〔最終改正：2015（平成27）年3月31日〕

　健康保険法（大正11年法律第70号）第70条第1項及び第72条第1項（これらの規定を同法第85条第9項，第85条の2第5項，第86条第4項，第110条第7項及び第149条において準用する場合を含む）の規定に基づき，保険医療機関及び保険医療養担当規則及び保険薬局及び保険薬剤師療養担当規則の一部を改正する省令を次のように定める。

第1章　保険医療機関の療養担当

（療養の給付の担当の範囲）

第1条　保険医療機関が担当する療養の給付並びに被保険者及び被保険者であった者並びにこれらの者の被扶養者の療養（以下単に「療養の給付」という）の範囲は，次のとおりとする。

1. 診察
2. 薬剤または治療材料の支給
3. 処置，手術その他の治療
4. 居宅における療養上の管理及びその療養に伴う世話その他の看護
5. 病院または診療所への入院及びその療養に伴う世話その他の看護

（療養の給付の担当方針）

第2条　保険医療機関は，懇切丁寧に療養の給付を担当しなければならない。

2　保険医療機関が担当する療養の給付は，被保険者及び被保険者であった者並びにこれらの者の被扶養者である患者（以下単に「患者」という）の療養上妥当

適切なものでなければならない。

(診療に関する照会)
第2条の2　保険医療機関は，その担当した療養の給付に係る患者の疾病または負傷に関し，他の保険医療機関から照会があった場合には，これに適切に対応しなければならない。

(適正な手続の確保)
第2条の3　保険医療機関は，その担当する療養の給付に関し，厚生労働大臣または地方厚生局長若しくは地方厚生支局長に対する申請，届出等に係る手続及び療養の給付に関する費用の請求に係る手続を適正に行わなければならない。

(健康保険事業の健全な運営の確保)
第2条の4　保険医療機関は，その担当する療養の給付に関し，健康保険事業の健全な運営を損なうことのないよう努めなければならない。

(経済上の利益の提供による誘引の禁止)
第2条の4の2　保険医療機関は，患者に対して，第5条の規定により受領する費用の額に応じて当該保険医療機関が行う収益業務に係る物品の対価の額の値引きをすることその他の健康保険事業の健全な運営を損なうおそれのある経済上の利益の提供により，当該患者が自己の保険医療機関において診療を受けるように誘引してはならない。
2　保険医療機関は，事業者またはその従業員に対して，患者を紹介する対価として金品を提供することその他の健康保険事業の健全な運営を損なうおそれのある経済上の利益を提供することにより，患者が自己の保険医療機関において診療を受けるように誘引してはならない。

(特定の保険薬局への誘導の禁止)
第2条の5　保険医療機関は，当該保険医療機関において健康保険の診療に従事している保険医(以下「保険医」という)の行う処方せんの交付に関し，患者に対して特定の保険薬局において調剤を受けるべき旨の指示等を行ってはならない。
2　保険医療機関は，保険医の行う処方せんの交付に関し，患者に対して特定の保険薬局において調剤を受けるべき旨の指示等を行うことの対償として，保険薬

局から金品その他の財産上の利益を収受してはならない。

(掲示)
第2条の6　保険医療機関は，その病院または診療所内の見やすい場所に，第5条の3第4項，第5条の3の2第4項及び第5条の4第2項に規定する事項のほか，別に厚生労働大臣が定める事項を掲示しなければならない。

(受給資格の確認)
第3条　保険医療機関は，患者から療養の給付を受けることを求められた場合には，その者の提出する被保険者証によって療養の給付を受ける資格があることを確めなければならない。ただし，緊急やむを得ない事由によって被保険者証を提出することができない患者であって，療養の給付を受ける資格が明らかなものについては，この限りでない。

(要介護被保険者等の確認)
第3条の2　保険医療機関等は，患者に対し，訪問看護，訪問リハビリテーションその他の介護保険法（平成9年法律第123号）第7条第5項に規定する居宅サービスに相当する療養の給付を行うに当たっては，同法第12条第3項に規定する被保険者証の提示を求めるなどにより，当該患者が同法第62条に規定する要介護被保険者等であるか否かの確認を行うものとする。

(被保険者証の返還)
第4条　保険医療機関は，当該患者に対する療養の給付を担当しなくなったとき，その他正当な理由により当該患者から被保険者証の返還を求められたときは，これを遅滞なく当該患者に返還しなければならない。ただし，当該患者が死亡した場合は，健康保険法（大正11年法律第70号。以下「法」という）第100条，第105条または第113条の規定により埋葬料，埋葬費または家族埋葬料を受けるべき者に返還しなければならない。

(一部負担金等の受領)
第5条　保険医療機関は，被保険者または被保険者であった者については法第74条の規定による一部負担金，法第85条に規定する食事療養標準負担額（同条第2項の規定により算定した費用の額が標準負担額に満たないときは，当該費用の額

とする。以下単に「食事療養標準負担額」という），法第85条の２に規定する生活療養標準負担額（同条第２項の規定により算定した費用の額が生活療養標準負担額に満たないときは，当該費用の額とする。以下単に「生活療養標準負担額」という）または法第86条の規定による療養（法第63条第２項第１号に規定する食事療養（以下「食事療養」という）及び同項第２号に規定する生活療養（以下「生活療養」という）を除く）についての費用の額に法第74条第１項各号に掲げる場合の区分に応じ，同項各号に定める割合を乗じて得た額（食事療養を行った場合においては食事療養標準負担額を加えた額とし，生活療養を行った場合においては生活療養標準負担額を加えた額とする）の支払を，被扶養者については法第76条第２項，第85条第２項，第85条の２第２項または第86条第２項第１号の費用の額の算定の例により算定された費用の額から法第110条の規定による家族療養費として支給される額に相当する額を控除した額の支払を受けるものとする。

2　保険医療機関は，食事療養に関し，当該療養に要する費用の範囲内において法第85条第２項または第110条第３項の規定により算定した費用の額を超える金額の支払を，生活療養に関し，当該療養に要する費用の範囲内において法第85条の２第２項または第110条第３項の規定により算定した費用の額を超える金額の支払を，法第63条第２項第３号に規定する評価療養（以下「評価療養」という）または同項第４号に規定する選定療養（以下「選定療養」という）に関し，当該療養に要する費用の範囲内において法第86条第２項または第110条第３項の規定により算定した費用の額を超える金額の支払を受けることができる。

(領収証等の交付)
第５条の２　保険医療機関は，前条の規定により患者から費用の支払を受けるときは，正当な理由がない限り，個別の費用ごとに区分して記載した領収証を無償で交付しなければならない。
2　厚生労働大臣の定める保険医療機関は，前項に規定する領収証を交付するときは，正当な理由がない限り，当該費用の計算の基礎となった項目ごとに記載した明細書を交付しなければならない。
3　前項に規定する明細書の交付は，無償で行わなければならない。

(食事療養)
第５条の３　保険医療機関は，その入院患者に対して食事療養を行うに当たって

は，病状に応じて適切に行うとともに，その提供する食事の内容の向上に努めなければならない。

2 保険医療機関は，食事療養を行う場合には，次項に規定する場合を除き，食事療養標準負担額の支払を受けることにより食事を提供するものとする。

3 保険医療機関は，第5条第2項の規定による支払を受けて食事療養を行う場合には，当該療養にふさわしい内容のものとするほか，当該療養を行うに当たり，あらかじめ，患者に対しその内容及び費用に関して説明を行い，その同意を得なければならない。

4 保険医療機関は，その病院または診療所の病棟等の見やすい場所に，前項の療養の内容及び費用に関する事項を掲示しなければならない。

(生活療養)

第5条の3の2 保険医療機関は，その入院患者に対して生活療養を行うに当たっては，病状に応じて適切に行うとともに，その提供する食事の内容の向上並びに温度，照明及び給水に関する適切な療養環境の形成に努めなければならない。

2 保険医療機関は，生活療養を行う場合には，次項に規定する場合を除き，生活療養標準負担額の支払を受けることにより食事を提供し，温度，照明及び給水に関する適切な療養環境を形成するものとする。

3 保険医療機関は，第5条第2項の規定による支払を受けて生活療養を行う場合には，当該療養にふさわしい内容のものとするほか，当該療養を行うに当たり，あらかじめ，患者に対しその内容及び費用に関して説明を行い，その同意を得なければならない。

4 保険医療機関は，その病院または診療所の病棟等の見やすい場所に，前項の療養の内容及び費用に関する事項を掲示しなければならない。

(保険外併用療養費に係る療養の基準等)

第5条の4 保険医療機関は，評価療養または選定療養に関して第5条第2項の規定による支払を受けようとする場合において，当該療養を行うに当たり，その種類及び内容に応じて厚生労働大臣の定める基準に従わなければならないほか，あらかじめ，患者に対しその内容及び費用に関して説明を行い，その同意を得なければならない。

2 保険医療機関は，その病院または診療所の見やすい場所に，前項の療養の内容及び費用に関する事項を掲示しなければならない。

（証明書等の交付）
第6条　保険医療機関は，患者から保険給付を受けるために必要な保険医療機関または保険医の証明書，意見書等の交付を求められたときは，無償で交付しなければならない。ただし，法第87条第1項の規定による療養費（柔道整復を除く施術に係るものに限る），法第99条第1項の規定による傷病手当金，法第101条の規定による出産育児一時金，法第102条の規定による出産手当金または法第114条の規定による家族出産育児一時金に係る証明書または意見書については，この限りでない。

（指定訪問看護の事業の説明）
第7条　保険医療機関は，患者が指定訪問看護事業者（法第88条第1項に規定する指定訪問看護事業者並びに介護保険法第41条第1項本文に規定する指定居宅サービス事業者（訪問看護事業を行う者に限る）及び同法第53条第1項に規定する指定介護予防サービス事業者（介護予防訪問看護事業を行う者に限る）をいう。以下同じ）から指定訪問看護（法第88条第1項に規定する指定訪問看護並びに介護保険法第41条第1項本文に規定する指定居宅サービス（同法第8条第4項に規定する訪問看護の場合に限る）及び同法第53条第1項に規定する指定介護予防サービス（同法第8条の2第3項に規定する介護予防訪問看護の場合に限る）をいう。以下同じ）を受ける必要があると認めた場合には，当該患者に対しその利用手続，提供方法及び内容等につき十分説明を行うよう努めなければならない。

（診療録の記載及び整備）
第8条　保険医療機関は，第22条の規定による診療録に療養の給付の担当に関し必要な事項を記載し，これを他の診療録と区別して整備しなければならない。

（帳簿等の保存）
第9条　保険医療機関は，療養の給付の担当に関する帳簿及び書類その他の記録をその完結の日から3年間保存しなければならない。ただし，患者の診療録にあっては，その完結の日から5年間とする。

（通知）
第10条　保険医療機関は，患者が次の各号の一に該当する場合には，遅滞なく，

意見を付して，その旨を全国健康保険協会または当該健康保険組合に通知しなければならない。
 1 家庭事情等のため退院が困難であると認められたとき。
 2 闘争，泥酔または著しい不行跡によって事故を起したと認められたとき。
 3 正当な理由がなくて，療養に関する指揮に従わないとき。
 4 詐欺その他不正な行為により，療養の給付を受け，または受けようとしたとき。

(入院)
第 11 条 保険医療機関は，患者の入院に関しては，療養上必要な寝具類を具備し，その使用に供するとともに，その病状に応じて適切に行い，療養上必要な事項について適切な注意及び指導を行わなければならない。
2 保険医療機関は，病院にあっては，医療法(昭和 23 年法律第 205 号)の規定に基づき許可を受け，若しくは届出をし，または承認を受けた病床数の範囲内で，診療所にあっては，同法の規定に基づき許可を受け，若しくは届出をし，または通知をした病床数の範囲内で，それぞれ患者を入院させなければならない。ただし，災害その他のやむを得ない事情がある場合は，この限りでない。

(看護)
第 11 条の 2 保険医療機関は，その入院患者に対して，患者の負担により，当該保険医療機関の従業者以外の者による看護を受けさせてはならない。
2 保険医療機関は，当該保険医療機関の従業者による看護を行うため，従業者の確保等必要な体制の整備に努めなければならない。

(報告)
第 11 条の 3 保険医療機関は，厚生労働大臣が定める療養の給付の担当に関する事項について，地方厚生局長または地方厚生支局長に定期的に報告を行わなければならない。
2 前項の規定による報告は，当該保険医療機関の所在地を管轄する地方厚生局または地方厚生支局の分室がある場合においては，当該分室を経由して行うものとする。

第2章　保険医の診療方針等

(診療の一般的方針)
第12条　保険医の診療は，一般に医師または歯科医師として診療の必要があると認められる疾病または負傷に対して，適確な診断をもととし，患者の健康の保持増進上妥当適切に行われなければならない。

(療養及び指導の基本準則)
第13条　保険医は，診療に当っては，懇切丁寧を旨とし，療養上必要な事項は理解し易いように指導しなければならない。

(指導)
第14条　保険医は，診療にあたっては常に医学の立場を堅持して，患者の心身の状態を観察し，心理的な効果をも挙げることができるよう適切な指導をしなければならない。
第15条　保険医は，患者に対し予防衛生及び環境衛生の思想のかん養に努め，適切な指導をしなければならない。

(転医及び対診)
第16条　保険医は，患者の疾病または負傷が自己の専門外にわたるものであるとき，またはその診療について疑義があるときは，他の保険医療機関へ転医させ，または他の保険医の対診を求める等診療について適切な措置を講じなければならない。

(診療に関する照会)
第16条の2　保険医は，その診療した患者の疾病または負傷に関し，他の保険医療機関または保険医から照会があった場合には，これに適切に対応しなければならない。

(施術の同意)
第17条　保険医は，患者の疾病または負傷が自己の専門外にわたるものであるという理由によって，みだりに，施術業者の施術を受けさせることに同意を与えてはならない。

（特殊療法等の禁止）
第 18 条　保険医は，特殊な療法または新しい療法等については，厚生労働大臣の定めるもののほか行ってはならない。

（使用医薬品及び歯科材料）
第 19 条　保険医は，厚生労働大臣の定める医薬品以外の薬物を患者に施用し，または処方してはならない。ただし，医薬品，医療機器等の品質，有効性及び安全性の確保等に関する法律（昭和 35 年法律第 145 号）第 2 条第 17 項に規定する治験（以下「治験」という）に係る診療において，当該治験の対象とされる薬物を使用する場合その他厚生労働大臣が定める場合においては，この限りでない。
2　歯科医師である保険医は，厚生労働大臣の定める歯科材料以外の歯科材料を歯冠修復及び欠損補綴において使用してはならない。ただし，治験に係る診療において，当該治験の対象とされる機械器具等を使用する場合その他厚生労働大臣が定める場合においては，この限りでない。

（健康保険事業の健全な運営の確保）
第 19 条の 2　保険医は，診療に当たっては，健康保険事業の健全な運営を損なう行為を行うことのないよう努めなければならない。

（特定の保険薬局への誘導の禁止）
第 19 条の 3　保険医は，処方せんの交付に関し，患者に対して特定の保険薬局において調剤を受けるべき旨の指示等を行ってはならない。
2　保険医は，処方せんの交付に関し，患者に対して特定の保険薬局において調剤を受けるべき旨の指示等を行うことの対償として，保険薬局から金品その他の財産上の利益を収受してはならない。

（指定訪問看護事業との関係）
第 19 条の 4　医師である保険医は，患者から訪問看護指示書の交付を求められ，その必要があると認めた場合には，速やかに，当該患者の選定する訪問看護ステーション（指定訪問看護事業者が当該指定に係る訪問看護事業を行う事業所をいう。以下同じ）に交付しなければならない。
2　医師である保険医は，訪問看護指示書に基づき，適切な訪問看護が提供されるよう，訪問看護ステーション及びその従業者からの相談に際しては，当該指定

訪問看護を受ける者の療養上必要な事項について適切な注意及び指導を行わなければならない。

(診療の具体的方針)
第20条 医師である保険医の診療の具体的方針は，前12条の規定によるほか，次に掲げるところによるものとする。
1 診察
　イ　診察は，特に患者の職業上及び環境上の特性等を顧慮して行う。
　ロ　診察を行う場合は，患者の服薬状況及び薬剤服用歴を確認しなければならない。ただし，緊急やむを得ない場合については，この限りではない。
　ハ　健康診断は，療養の給付の対象として行ってはならない。
　ニ　往診は，診療上必要があると認められる場合に行う。
　ホ　各種の検査は，診療上必要があると認められる場合に行う。
　ヘ　ホによるほか，各種の検査は，研究の目的をもって行ってはならない。ただし，治験に係る検査については，この限りでない。
2 投薬
　イ　投薬は，必要があると認められる場合に行う。
　ロ　治療上1剤で足りる場合には1剤を投与し，必要があると認められる場合に2剤以上を投与する。
　ハ　同一の投薬は，みだりに反覆せず，症状の経過に応じて投薬の内容を変更する等の考慮をしなければならない。
　ニ　投薬を行うに当たっては，医薬品，医療機器等の品質，有効性及び安全性の確保等に関する法律第14条の4第1項各号に掲げる医薬品（以下「新医薬品等」という）とその有効成分，分量，用法，用量，効能及び効果が同一性を有する医薬品として，同法第14条または第19条の2の規定による製造販売の承認（以下「承認」という）がなされたもの（ただし，同法第14条の4第1項第2号に掲げる医薬品並びに新医薬品等に係る承認を受けている者が，当該承認に係る医薬品と有効成分，分量，用法，用量，効能及び効果が同一であってその形状，有効成分の含量または有効成分以外の成分若しくはその含量が異なる医薬品に係る承認を受けている場合における当該医薬品を除く）（以下「後発医薬品」という）の使用を考慮するとともに，患者に後発医薬品を選択する機会を提供すること等患者が後発医薬品を選択しやすくするための対応に努めなければな

ホ 栄養，安静，運動，職場転換その他療養上の注意を行うことにより，治療の効果を挙げることができると認められる場合は，これらに関し指導を行い，みだりに投薬をしてはならない。

ヘ 投薬量は，予見することができる必要期間に従ったものでなければならないこととし，厚生労働大臣が定める内服薬及び外用薬については当該厚生労働大臣が定める内服薬及び外用薬ごとに1回14日分，30日分または90日分を限度とする。

ト 注射薬は，患者に療養上必要な事項について適切な注意及び指導を行い，厚生労働大臣の定める注射薬に限り投与することができることとし，その投与量は，症状の経過に応じたものでなければならず，厚生労働大臣が定めるものについては当該厚生労働大臣が定めるものごとに1回14日分，30日分または90日分を限度とする。

3 処方せんの交付

イ 処方せんの使用期間は，交付の日を含めて4日以内とする。ただし，長期の旅行等特殊の事情があると認められる場合は，この限りでない。

ロ 前イによるほか，処方せんの交付に関しては，前号に定める投薬の例による。

4 注射

イ 注射は，次に掲げる場合に行う。
   (1) 経口投与によって胃腸障害を起すおそれがあるとき，経口投与をすることができないとき，または経口投与によっては治療の効果を期待することができないとき。
   (2) 特に迅速な治療の効果を期待する必要があるとき。
   (3) その他注射によらなければ治療の効果を期待することが困難であるとき。

ロ 注射を行うに当たっては，後発医薬品の使用を考慮するよう努めなければならない。

ハ 内服薬との併用は，これによって著しく治療の効果を挙げることが明らかな場合または内服薬の投与だけでは治療の効果を期待することが困難である場合に限って行う。

ニ 混合注射は，合理的であると認められる場合に行う。

ホ　輸血または電解質若しくは血液代用剤の補液は，必要があると認められる場合に行う。
　5　手術及び処置
　　イ　手術は，必要があると認められる場合に行う。
　　ロ　処置は，必要の程度において行う。
　6　リハビリテーション
　　リハビリテーションは，必要があると認められる場合に行う。
　6の2　居宅における療養上の管理等
　　居宅における療養上の管理及び看護は，療養上適切であると認められる場合に行う。
　7　入院
　　イ　入院の指示は，療養上必要があると認められる場合に行う。
　　ロ　単なる疲労回復，正常分べんまたは通院の不便等のための入院の指示は行わない。
　　ハ　保険医は，患者の負担により，患者に保険医療機関の従業者以外の者による看護を受けさせてはならない。

（歯科診療の具体的方針）
第21条　［略］

（診療録の記載）
第22条　保険医は，患者の診療を行った場合には，遅滞なく，様式第1号またはこれに準ずる様式の診療録に，当該診療に関し必要な事項を記載しなければならない。

（処方せんの交付）
第23条　保険医は，処方せんを交付する場合には，様式第2号またはこれに準ずる様式の処方せんに必要な事項を記載しなければならない。
2　保険医は，その交付した処方せんに関し，保険薬剤師から疑義の照会があった場合には，これに適切に対応しなければならない。

（適正な費用の請求の確保）
第23条の2　保険医は，その行った診療に関する情報の提供等について，保険医

療機関が行う療養の給付に関する費用の請求が適正なものとなるよう努めなければならない。

第3章　雑則　[略]

附則　[略]

おわりに

　指導医療官の推挙を受けたとき,「厚生局の仕事って何だろうか」「指導医療官の仕事は」「指導は」「監査は」と保険診療に関する書籍を書店で探しましたが, 私の疑問に答えてくれるようなものはなく, インターネットで見ると, 個別指導時の指導側の恫喝や高圧的な態度, 被指導者の自殺等々, おどろおどろしい表現の用いられた記事や当局に対する厳しい批判の記事ばかりを目にしました。
　そのほか, いろいろ調べてみましたが, どうも実情を詳らかにした記事はないような気がしました。この領域は, いわばブラックボックスで, 医療関係者は本当のことはよくわかっていないのではないだろうか, という印象でした。
　実際に指導医療官として仕事をしてみますと, やはりその内容はあまり理解されておらず, 誤解を招いているところもあるな, と感じました。もちろん, 個別指導時に, 巷間言われているような高圧的な態度も稀にはあるのかもしれませんが, できるだけそのようなことのないように努めているのは, 事務官のみならず, 指導医療官も同様です。でも, あまりにひどい診療内容や診療報酬請求を行っている医療機関を目前にすると,「これでは日頃誠実に診療を行っている医療機関や医師が馬鹿をみる, 正直者が馬鹿をみることになるのではありませんか」と思わず声高になってしまいそうです。それを抑えるのは大変です。行きすぎた指導にならないように学識経験者の先生方が指導や監査に立ち会います。
　国家公務員法の中の守秘義務や個人情報保護法の観点から, お話しできることには限度がありますが, 可能な限り, 私の保険診療に対する知識と指導医療官としての経験を披露いたしました。多くの医療機関で正しい保険診療を行い, 正しい診療報酬請求を行っていただきたい, というのが拙著の趣旨であります。そうすれば, 新規個別指導や特定共同指導は別にして, いわゆる個別指導に関しては, それを受ける可能性は低くなるでしょう。ご自身の医療機関の診療内容や診療報酬請求に問題がなければ, 個別指導に危惧の念を抱く必要はありませんし, たと

え指導を受けたとしても大きなダメージは避けられます。

　保険診療，診療報酬請求には，縷々述べてまいりましたように，ルールがあります。よくわからないときには，自己流ではなく，必ず『医科点数表の解釈』や『診療点数早見表』などで確認してください。

　終わりに，指導医療官にご推挙いただきました神戸大学医学部脳神経外科甲村英二教授，同大学医学部附属病院長杉村和朗教授（当時），指導医療官になりたての頃，手取り足取りご指導いただきました医療法人社団礒崎医院理事長礒崎正弘先生，指導や監査で大変お世話になりました保険指導医の槇林親教，関道雄両先生に深謝いたします。

　さらに，拙著の上梓を後押ししてくださった特定医療法人社団順心会栗原英治理事長に心より感謝いたします。

　私の原稿は日本医事新報社のご高配なしには出版には至りませんでした。ここに改めて謝意を表します。

2015 年 9 月　工藤弘志

索引

[あ]
悪性腫瘍特異物質治療管理料　57
違法性阻却事由　93
ウイルス疾患指導料　57
運動器リハビリテーション　85
栄養サポートチーム加算　43
往診料　74

[か]
戒告　30
介護支援連携指導料　68
回復期リハビリテーション病棟入院料　44
外来栄養食事指導料　60
外来緩和ケア管理料　65
外来迅速検体検査加算　81
外来放射線照射診療料　67
外来リハビリテーション診療料　66
架空請求　27
過剰（濃厚）診療の禁止　45
画像診断　83
カルジオスコープ（ハートスコープ）　83
カルジオタコスコープ　83
肝炎インターフェロン治療計画料　69
がん患者指導管理料　65
がん性疼痛緩和指導管理料　64
監査　4, 18, 20, 28, 100
監査要綱　20, 28, 112
患者調査　26, 27
干渉低周波去痰器による喀痰排出　89
干渉低周波による膀胱等刺激法　90
緩和ケア診療加算　42
救急医療管理加算　41
救急搬送患者地域連携受入加算　43
救急搬送患者地域連携紹介加算　43
共同指導　25
契約診療　10
血漿交換療法　89
健康診断の禁止　45
健康保険法　5, 9
現物給付制度　2
後期高齢者医療制度　2
高度難聴指導管理料　63
公法上の契約　9
呼吸器リハビリテーション　85
呼吸心拍監視　83
国民皆保険　2, 8

国民健康保険制度　2, 6
国民健康保険団体連合会　2
国民健康保険法　6
個別指導　4, 16, 20, 25, 100, 112
コンタクトレンズ検査料　82

[さ]

細菌薬剤感受性検査　82
再診料　37
在宅患者緊急時等カンファレンス料　79
在宅患者緊急入院診療加算　41
在宅患者訪問看護・指導料　77
在宅患者訪問診療料　75
在宅患者訪問点滴注射管理指導料　78
在宅患者訪問薬剤管理指導料　79
在宅患者訪問リハビリテーション指導管理料　78
在宅酸素療法指導管理料　80
在宅時医学総合管理料　76
在宅持続陽圧呼吸療法指導管理料　80
在宅人工呼吸指導管理料　80
在宅療養支援診療所　74
在宅療養指導管理料　80
在宅療養指導料　63
自家診療　47
自己診療の禁止　46
施設基準等等適時調査　⇒ 適時調査
指導医療官　16
指導大綱　20, 112
耳鼻咽喉科特定疾患指導管理料　64
社会保険医療協議会法　32
社会保険診療報酬支払基金　2

重症皮膚潰瘍管理加算　42
集団栄養食事指導料　62
集団指導　4, 17, 20
集団的個別指導　17, 20, 21, 100
重度認知症患者デイ・ケア料　88
消炎鎮痛等処置　91
小児科療養指導料　58
小児食物アレルギー負荷検査　82
小児特定疾患カウンセリング料　58
小児療養環境特別加算　42
職員健康保険法　6
初診料　36
処方せん料　51
新規個別指導（新規指定個別指導）　25
心身医学療法　88
新生児心拍・呼吸監視　83
心大血管疾患リハビリテーション　85
診療情報提供料　70
診療報酬改定　21, 32
診療報酬点数表　8
診療報酬明細書（レセプト）　17, 21, 25, 53, 96
診療録　52, 55, 73
生活習慣病管理料　67
精神科継続外来支援・指導料　87
精神科リエゾンチーム加算　42
摂食障害入院医療管理加算　43
選定委員会　17, 20, 25
総合評価加算　44
双務契約　94
その他請求　27, 106, 110

[た]

退院時薬剤情報管理指導料　72
退院時リハビリテーション指導料　69
退院調整加算　43
大腸菌血清型別検査　82
地方社会保険医療協議会（地医協）　32, 112
注意　30
中央社会保険医療協議会（中医協）　18, 20, 32, 112
超音波検査　82
重複請求　27
聴聞　31
治療食　61
治療乳　61
通院・在宅精神療法　87
付増請求　27
適時調査（施設基準等適時調査）　18, 104, 110
てんかん指導料　59
同一建物居住者訪問看護・指導料　77
糖尿病合併症管理料　64
特殊療法・研究的診療等の禁止　45
特定共同指導　17, 25
特定施設入居時等医学総合管理料　76
特定疾患療養管理料　56
特定の保険薬局への患者誘導の禁止　46
特定薬剤治療管理料　57
特別食　60, 61
特別食加算　61
特別な場合の検査食　62
取消　30, 102, 106, 110, 112

[な]

難病外来指導管理料　59
ニコチン依存症管理料　68
二重請求　27, 110
入院栄養食事指導料　60
入院基本料　38
入院基本料等加算　41
入院精神療法　87
乳幼児育児栄養指導料　66
認知療法・認知行動療法　88
熱傷処置　89
脳血管疾患等リハビリテーション　85
濃厚（過剰）診療の禁止　45

[は]

肺血栓塞栓予防管理料　68
皮膚科光線療法　90
皮膚科特定疾患指導管理料　59
皮膚レーザー照射療法　90
被用者保険制度　2
標準型精神分析療法　88
平等原則　34
病棟薬剤業務実施加算　44
比例原則　34
不正請求　27, 30, 104, 106, 110, 112
不当請求　27, 30
フリーアクセス　2
振替請求　27, 106, 110
平衡機能検査　83
ヘリコバクター・ピロリ感染症の検査　81

返還金　12, 18, 27, 30, 106, 110, 112
訪問看護指示料　78
保険医療機関及び保険医療養担当規則（療担，療養担当規則）　10, 14, 24, 25, 30

[ま]

麻酔管理料　95
慢性疼痛疾患管理料　63
無菌食　62
無診察治療等の禁止　45

[や]

薬剤管理指導料　69
薬剤情報提供料　71
腰部又は胸部固定帯固定　91

[ら]

療養環境加算　42
療養担当規則　⇒ 保険医療機関及び保険医療養担当規則
療養費同意書交付料　72
療養病棟入院基本料　40
臨床研修病院入院診療加算　41
レセプト　⇒ 診療報酬明細書
レントゲン撮影　84

著者　**工藤 弘志**（くどう ひろし）
元厚生労働省近畿厚生局指導医療官／特定医療法人社団順心会

〈略歴〉
1980年　神戸大学医学部卒業
1982年　鳥取赤十字病院脳神経外科
1985年　スイス連邦，チューリッヒ大学医学部脳神経外科
1988年　神戸大学医学部脳神経外科助手（同年4〜9月病棟医長）
1989年　中華人民共和国，北京天壇医院，北京神経外科研究所講師
1990年　兵庫県立淡路病院脳神経外科医長
1992年　一般財団法人六甲アイランド甲南病院脳神経外科部長
　　　　（1999年4月〜2003年3月神戸大学医学部臨床助教授併任）
2005年　兵庫県立がんセンター脳神経外科部長
2010年　厚生労働省近畿厚生局指導医療官
2014年　特定医療法人社団順心会順心リハビリテーション病院
2015年　順心病院サイバーナイフセンター長就任予定（12月）
〈資格〉
1986年　日本脳神経外科学会専門医
1989年　学位取得　医学博士（神戸大学）

元指導医療官が指南
保険医のための保険診療講座

定価（本体3,200円＋税）
2015年10月27日　第1版

著　者　工藤弘志
発行者　梅澤俊彦
発行所　日本医事新報社　www.jmedj.co.jp
　　　　〒101-8718　東京都千代田区神田駿河台2-9
　　　　電話　03-3292-1555（販売・編集）
　　　　振替口座　00100-3-25171
組　版　ウルス
印　刷　ラン印刷社
Ⓒ Hiroshi Kudo 2015 Printed in Japan
ISBN978-4-7849-4505-4　C3047 ¥3200E

本書の複製権・翻訳権・上映権・譲渡権・公衆送信権（送信可能化権を含む）は（株）日本医事新報社が保有します。
JCOPY ＜（社）出版者著作権管理機構　委託出版物＞
本書の無断複写は著作権法上での例外を除き禁じられています。複写される場合は，そのつど事前に，（社）出版者著作権管理機構（電話 03-3513-6969，FAX 03-3513-6979，e-mail: info@jcopy.or.jp）の許諾を得てください。